观海文丛——华东师范大学外语学院学者文库

格助词「ヲ」的原型义及其语义扩张

格助詞ヲのプロトタイプ的意味及びその意味拡張

——認知言語学の見地から

杨　敬　著

南开大学出版社
天　津

图书在版编目(CIP)数据

格助词「ヲ」的原型义及其语义扩张 / 杨敬著.
—天津：南开大学出版社，2014.12
(观海文丛. 华东师范大学外语学院学者文库)
ISBN 978-7-310-04707-9

Ⅰ. ①格… Ⅱ. ①杨… Ⅲ. ①日语－助词－研究
Ⅳ. ①H364.2

中国版本图书馆 CIP 数据核字(2014)第 270528 号

南开大学出版社出版发行
出版人:孙克强
地址:天津市南开区卫津路 94 号　　邮政编码:300071
营销部电话:(022)23508339　23500755
营销部传真:(022)23508542　　邮购部电话:(022)23502200
*
河北昌黎太阳红彩色印刷有限责任公司印刷
全国各地新华书店经销
*
2014 年 12 月第 1 版　　2014 年 12 月第 1 次印刷
210×148 毫米　32 开本　7.25 印张　2 插页　172 千字
定价:22.00 元

如遇图书印装质量问题,请与本社营销部联系调换,电话:(022)23507125

要　旨

本研究は、現代日本語の格助詞ヲを考察の対象とする。ヲ格の複数の意味役割とプロトタイプを認定したうえ、ヲ格のプロトタイプから他の意味役割への拡張プロセス、及び他の意味役割間の拡張プロセスを考察するものである。

本研究は次の 10 章から構成されている。

第 1 章の序章では、本研究の目的・意義、内容・対象、そして研究の理論的背景について説明した。

第 2 章では、認知言語学の見地から格助詞ヲに関する諸家の説を紹介し、その問題点を指摘した。

第 3 章では、「動作を行う時点でヲ格名詞が存在するかどうか」、「ヲ格名詞が動作の働きかけの真の対象であるかどうか」という 2 つの基準により、従来「対象」と扱われてきた一類に属するものを「既存の真の対象」、「既存の偽の対象」、「非既存の対象」という 3 つに分けた。また、ヲ格の複数の意味役割を次の表に示すように分類し、「既存の真の対象」をヲ格のプロトタイプと認定した。

ヲ格の意味役割	既存の真の対象	既存の偽の対象	非既存の対象	空間的対象	時間的対象	状況
ヲ格名詞と動詞の意味関係を表示するヲの表記	$ヲ_1$	$ヲ_2$	$ヲ_3$	$ヲ_4$	$ヲ_5$	$ヲ_6$

第4章では、「既存の真の対象」に属する成員は、言語主体の認知では、一種の働きかけられと捉えられることが確認された。働きかけられは対象の完全的な変化、対象の非完全的な変化、対象の外在的な変化及び対象の不変化という4つのタイプに分けられた。

第5章から第9章では、ヲ格の拡張的意味役割である「既存の偽の対象」、「非既存の対象」、「空間的対象」、「時間的対象」、「状況」への拡張プロセスを考察し、次のようなことが確認された。

1. 言語主体の認知では、ヲ格名詞に位置する「既存の偽の対象」と「既存の真の対象」との間に近接性関係が形成され、メトニミーが発生した。その結果、「既存の真の対象」は「既存の偽の対象」へと拡張されたのである。既存の偽の対象と動作との間に、既存の真の対象と動作との意味関係と似ている一種の働きかけられと働きかけの意味関係が形成されたのである。既存の偽の対象も一種の働きかけられとして捉えられる。

2. 「非既存の対象」は「既存の偽の対象」と同様に、メトニミーにより、「既存の真の対象」から拡張されたものとして捉えられる。「非既存の対象」と動作との間にも一種の働きかけられと働きかけの意味関係が形成されたため、非既存の対象は一種の働きかけられとして考えられる。

3. 従来の研究では、「場所」と扱われてきたヲ格の意味役割、すなわち本研究でいう「空間的対象」は、その本質は動作の働きかけの対象と考えられる。空間名詞と主体移動動作との意味関係は既存の真の対象と動作との意味関係に類似性が形成され、メタファーが発生し、その結果、「既存の真の対象」から拡張されたのである。「空間的対象」も一種の働きかけられとして捉えられ、さらに「通過の空間的対象」、「離脱の空間的対象」、「進入の空間的対象」、「経由の空間的対象」、「方向の空間的対象」という5つに下位分類化できる。

4. 時間名詞と主体移動動作との意味関係は空間名詞と主体移動動作との意味関係との間に類似性が形成され、「時間的対象」は「通過の時間的対象」と「経由の時間的対象」に分けられ、それぞれメタファーにより「空間的対象」の下位意味項である「通過の空間的対象」と「経由の空間的対象」から拡張されたことがわかった。「時間的対象」も主体移動動作の働きかけを受けて、一種の働きかけられとして捉えられる。

5. 「状況」は基本的に「離脱の空間的対象」、「進入の空間的対象」、「経由の空間的対象」といった「空間的対象」の下位意味項から拡張され、少数でありながら、「経由の時間的対象」から拡張されたことが確認された。「状況」に属するヲ格名詞と述語動詞との間に働きかけられと働きかけの意味関係が形成されており、ヲ格状況名詞は一種の働きかけられとして捉えられる。

最後の第10章では、本研究をまとめ、格助詞ヲの用法に関する拡張のし方を次のようにまとめる。

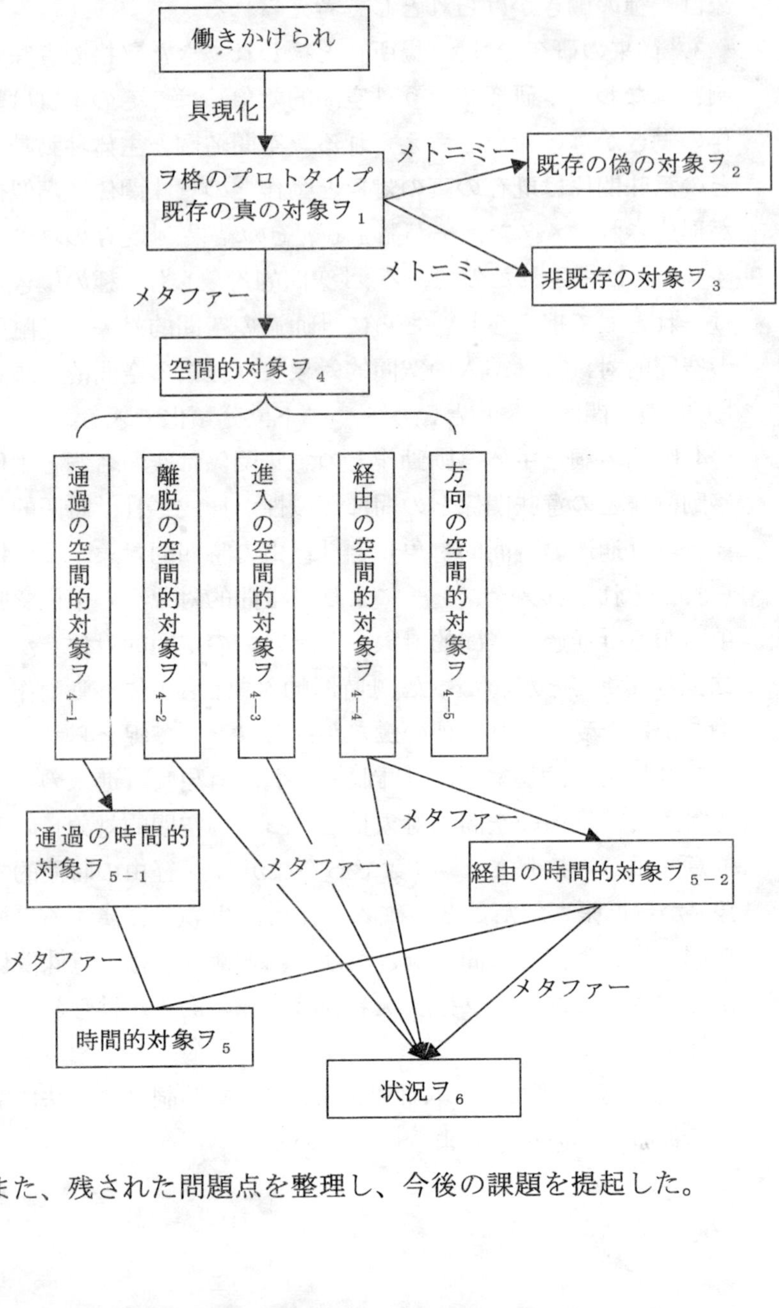

また、残された問題点を整理し、今後の課題を提起した。

前　言

本研究以现代日语格助词ヲ为研究对象。确定ヲ格名词的多种语义角色以及ヲ格名词的原型语义角色，并从认知语言学的角度考察ヲ格名词的原型语义角色向其他语义角色的扩展过程以及ヲ格名词的语义角色间的扩展关系。

本研究由以下 10 章组成。

第 1 章为序论，说明了本研究的目的、意义、内容、对象及相关的理论背景。

第 2 章介绍了从认知语言学角度研究格助词ヲ的成果并指出了其中的问题所在。

第 3 章中，按照“ヲ格名词在动作发生时是否存在”、“ヲ格名词是否为动词真正的作用对象”两个条件，将先行研究中概括为“对象”的ヲ格名词划分为“既存的真对象”、“既存的假对象”、“非既存的对象”三类。如此，本研究对ヲ格名词的语义角色进行了重新分类，具体如下表所示。其中，“既存的真对象”被认定为ヲ格名词的原型语义角色。

ヲ格名詞の意味役割	既存の真の対象	既存の偽の対象	非既存の対象	空間的対象	時間的対象	状況
ヲ格名詞と動詞の意味関係を表すヲの表記	$ヲ_1$	$ヲ_2$	$ヲ_3$	$ヲ_4$	$ヲ_5$	$ヲ_6$

第 4 章具体考察ヲ格名词的原型语义角色——“既存的真对象”。“既存的真对象”的成员们在语言主体的认知中均被认为是一种被作用的对象。被作用的对象又可分成对象的完全变化、对象的非完全变化、对象的外在变化、对象的不变化四种类型。

第5章到第9章通过考察ヲ格名词扩展到“既存的假对象”、“非既存的对象”、“空间对象”、“时间对象”、“状况”的语义角色的过程，确认了如下几项内容。

1. 在语言主体的概念世界中，既存的假对象和既存的真对象间形成一种近接性关系，产生了转喻的认知行为，从而使得位于ヲ格名词语法位置上的既存的假对象能够转指既存的真对象，实现了“既存的真对象”到“既存的假对象”的扩展。既存的假对象与动作间形成了一种被作用与作用的关系，这种语义关系类似于既存的真对象和动作间的语义关系，又有不同。既存的假对象也被视为是一种被作用的对象。

2. “非既存的对象”和“既存的假对象”一样，也是通过语言主体的转喻这一认知行为从“既存的真对象”扩展而来。在语言主体的概念世界中，非既存的对象和动作间也形成了一种被作用和作用的语义关系。非既存的对象同样也被视为是一种被作用的对象。

3. 以往的研究中被视为是“动作作用的场所”的ヲ格名词、

即本研究所指的“空间对象”，其本质就是动作作用的对象。空间名词和主体移动动作间的语义关系和既存的真对象和动作间的语义关系具有相似性，这种相似性产生了隐喻。其结果，实现了“既存的真对象”向“空间对象”的扩展。空间对象也被视为一种被作用的对象，它还可以分成“通过的空间对象”、“离开的空间对象”、“进入的空间对象”、“经由的空间对象”、“方向的空间对象”5个下位小类。

4.“时间对象”可分成“通过的时间对象”和“经由的时间对象”两个下位小类，它们通过隐喻分别从“空间对象”的下位分类“通过的空间对象”和“经由的空间对象”扩展而来。隐喻的发生是建立在语言主体的概念世界中形成的时间名词和主体移动动作间的语义关系与空间名词和主体移动动作间的语义关系的相似性的基础上的。主体移动动作作用于“时间对象”，“时间对象”亦被视为是一种被作用的对象。

5.“状况”的语义角色大部分是通过隐喻从“空间对象”的下位小类“离开的空间对象”、“进入的空间对象”和“经由的空间对象”扩展而来，极少部分是从“经由的时间对象”扩展而来。表示“状况”的ヲ格名词和动词间也形成了一种被作用与作用的语义关系，ヲ格名词同样被视为一种被作用的对象。

最后在第10章对本研究进行总结，将格助词ヲ的用法扩展归纳如下：

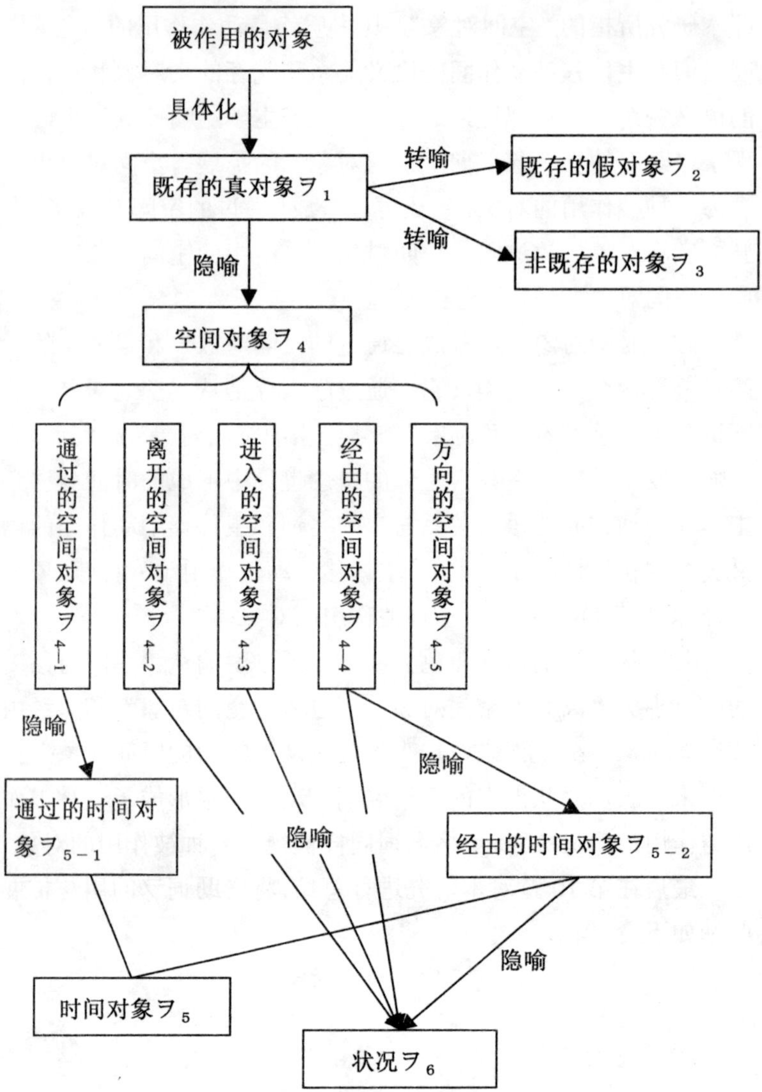

同时，整理剩下的问题，并提出了今后需进一步研究的课题。

标记说明
（主な記号の説明）

[1] ＊：非文法的な使い方と文を指す。

[2] ○：文法的な使い方と用法があることを指す。

[3] 次の矢印は意味役割拡張の方向を表す。

→：この方向に片方的に拡張することを指す。

←：この方向に片方的に拡張することを指す。

[4] 例文、図表の番号付けは章ごとに行われている。例文の番号付けは次のようにする。

(1-2) a

b

c

……

(1-2) a

b

c

……

(1-1) は第一章の一番目の例文、(1-2) は第一章の二番目の例文を示す。

[5] 参考文献は、日本語で書かれたもの（五十音図の順）、中国語で書かれたもの（アルファベットの順）というように配列されている。

目　次

第1章　序章

1.1　格助詞とは

格助詞に関しては、「体言につく」、「他の言葉との意味的な関係を示す」といった性質が既に定説となっていると言えよう。例えば、橋本(1969)は、格助詞の定義に関し、次のように述べている。

> 体言又は之と同資格のことばにのみつく。さうして、その体言が、どんな関係で他のことばにつづくかを区別して示すものである。(P54)

そのため、本研究では格助詞を「名詞或いは同資格のことばについて、その名詞と文中における述語との意味的な関係を表示するものである」というふうに受け止めることとする。例えば、

(1-1) 太郎が花子を逃がした。(作例)

においては、格助詞「が」は、「太郎」と「逃がす」の意味的な関係（すなわち動作の主体）を示し、格助詞「を」は、「花

子」と「逃がす」の意味的な関係（すなわち動作の対象）を示している。

ところで、(1-1)における格助詞を(1-2)のように変えると、名詞と動詞との意味的な関係は異なってくる。

(1-2) 太郎を花子が逃がした。（作例）

(1-2)では、「太郎」は「逃がす」動作の対象であり、「花子」は「逃がす」動作の主体である。このように格助詞の変更により、同様の名詞と述語動詞との意味的な関係が変わることがわかる。

ここで言う「動作の主体」、「動作の対象」といった意味的な関係は、格助詞で表示される名詞の意味役割とも呼ばれる。つまり、(1-1)においては、ガ格名詞「太郎（が）」、ヲ格名詞「花子（を）」の意味役割はそれぞれ「動作の主体」、「動作の対象」となる。(1-1)、(1-2)に示すように、格助詞は名詞の文中における述語との意味的な関係において重要な役割を果たしていることが明らかとなる。

日本語の格助詞に関し、単語として認められるかどうかという説については、従来から全く異なる二つの立場がある。一つは格助詞を単語と位置づける立場である。それは橋本進吉をはじめとする学校文法に代表される。橋本（1934）は、単語について次のように述べている。

> 単語は「自らで一文節を成し得べき語である」第一種の語と、「自らで一文節を形づくる事なく、常に第一種の語に伴ひ、之と共に文節を作る」第二種の語とに、大きく類別される。（P12）

第一種の語は詞と名づけられており、第二種の語は辞と呼ばれている。辞は、助動詞と助詞に分けられる。助詞はさらに「終助詞」、「間投助詞」、「格助詞」などに下位類化される。橋本の単語観により、格助詞は単語として位置づけられるべきである。

もう一つは、格の形式（すなわち格助詞）を名詞（またそれに準ずる語句）の語形変化による形態論的なカテゴリーとする立場である。その代表者として、松下(1930)、鈴木(1972)などが挙げられる。後者の立場によると、日本語の格助詞は単語ではなく、単語の構成要素であり、言い換えれば、格助詞は単語以下の存在として位置づけられるということである。

格助詞は単語として位置づけられるかどうかについて意見が分かれる原因としては、単語の規定に関する理念の違いが挙げられる。松下の説によれば、単語は英語の‘WORD’に対応するものであり、文の成分をなす存在である。それに対し、橋本の説によれば、文の成分を形成するのは単語ではなく、文節である。単語は、文形成の一次的な要素ではなく、文成分をなす文節の構成要素としての存在である。

しかし、松下の定義で単語と位置づけられる名詞は、文中で単独では働き得ない。したがって、(1-3)aのような格助詞抜きの文は、もはや文ではない。名詞はむしろ格助詞によって明示され、はじめてその働きが実現しうるのである。(1-3)bに示すように、「に」、「で」、「を」などの格助詞によってはじめて文となる。

(1-3)a＊7 時　レストラン　フランス料理　食べた。（作例）
　　b○7 時にレストランでフランス料理を食べた。（作例）

格助詞の重要な働きに関して、奥津（1986）は次のように述べている。

> 名詞が文の中で主語なり目的語なりの特定の働きをなし得るのは格助詞によるのであって、連用成分としては、むしろ格助詞の方が主たる働きをしているともいえよう。（P10）

この意味では、もし名詞を単語として位置づけたなら、述語動詞との意味関係において名詞以上の働きを果たしている格助詞を単語以下の存在として位置づけることは不適切であると考えられる。

そのため、本研究では伝統的な日本語文法研究の単語観、および学校文法の単語観、すなわち単語をめぐっての橋本の考え方・立場が正当なものであると考え、格助詞を単語として位置づけるという立場を取る。

格助詞のついた名詞は名詞そのもの及び述語動詞[①]の語彙的な意味によって表示される意味役割はさまざまである。例えば、動作主、経験者、所有者、道具、対象、目標、着点、場所、時間、原因、材料、範囲、様態、目的などである。しかし、そのような名詞の意味役割を表示する格助詞は、「が」、「を」、「に」、「へ」、「と」、「で」、「から」、「より」、「まで」、「の」の十個しかない。つまり、さまざまな名詞の意味役割は少数の格助詞によって表示されている。そのため、同一の格助詞がついた名詞は一つの意味役割しか表せないのではなく、複数の意味役割を表されなければならないことになる。認知言語学の立場では、基本的には意味と形の間に相関関係があ

① 動詞の場合がほとんどであるが、当然ながら述語形容詞、述語形容動詞の場合もある。

り、同じ形を持つもの同士は、多義語であるとされる。本研究は、同一の格助詞がついている名詞は、複数の意味役割を表示する場合、その格助詞を多義[①]語として扱うことができると主張する。また、その複数の意味役割の間には、何らかの関連性があると考える。

1.2　本研究の目的と意義

本研究は共時的な視点に基づく現代日本語の格助詞ヲで表示される名詞の複数の意味役割におけるプロトタイプ的意味役割、すなわちヲ格名詞の意味役割のプロトタイプ（以下では、ヲ格のプロトタイプと略称する）を認定し、さらに複数の意味役割の相互関係の明示及び意味役割の拡張[②]のプロセスに関する認知的な解釈をした上で、ヲ格のすべての意味役割を統括するネットワークを構成することを目的とする。

一般にヲ格名詞には多くの意味役割が付与されている。しかし、これらのヲ格名詞の意味役割に関しては、さまざまな視点から考察されているにも関わらず、同じ形態を持つヲがついた名詞が多様な意味役割を表示し得る根本的な原因、すなわち、なぜ「動作主が移動する場所」、「出発点」などの意味役割を表示する格助詞が「動作の働きかけの対象」と同じヲで表示されうるのかという素朴な問題に対しての研究は今のところ、数が少ない[③]。また、本研究の第 2 章において指摘するように、今までの研究は、ヲ格のプロトタイプやスキー

① ここで言う「多義」とは、格助詞によって表示されるさまざまな文法的な意味である。言い換えれば、同一の格助詞のついた名詞が表示する多様な意味役割のことである。

② 本研究では、新たな意味が派生することを意味拡張と呼び、そのような意味を拡張的意味と呼ぶことにする。

③ 現在のところでは、菅井（1998）、森山（2005，2008）、岡（2005，2007）など少数である。

マの認定などについては、不明な点が多数残されている。特に、意味役割の拡張のプロセス及びすべての意味役割を統括するネットワークの全体像の把握に関しては、詳細な分析があまり見られていないようである。

本研究では、まず従来の研究成果を概観し、その問題点を指摘する。そして、先行研究を踏まえ、ヲ格のプロトタイプを認定する。次に、ヲ格のプロトタイプからヲ格の他の意味役割へと拡張される認知的プロセスを解明し、格助詞ヲの使用の動機付けについて検討する。最後に、以上の考察に基づき、ヲ格の意味役割のすべてを統括するネットワーク化を図り、格助詞ヲの全体像を解明していくことを目的とする。

格助詞ヲに関する研究は現代日本語文法研究における重点の一つだと言えるであろう。本研究は、同一のヲのついた名詞は、複数の意味役割を表示することができるから、ヲを多義語として扱うことにする。ヲ格名詞が表示される様々な意味役割は、一つの意味カテゴリーを形成していると考えている。そのカテゴリーは、最も代表的であると思われるプロトタイプとその周辺的な成員からなっており、それらすべての成員が共通した特徴で相互に結びついていると予想される。本研究によって、他の格助詞の研究においても有効なモデルを提案できると考える。

本研究は、認知言語学を理論的な基盤とした研究である。このような認知言語学のアプローチでは、格助詞ヲを、言語主体から独立した記号構造として捉えるのではなく、言語主体の外部世界の認知的な解釈の直接的な反映として捉えていくのである。そのため、本研究で取り扱っているヲは、伝統的な深層格である意味役割という客観的意味内容に還元されることに留まるものではない。認知的なレベルでヲに認め得る文法的意味の解明こそが本研究の求めるところである。つまり、同一のヲで表示されうる名詞の多様な意味役割が、言語主体のどのような認知的プロセスによって動機付けられるのか、という問いに対する体系的な研究を試みようと考えている。この点から言えば、本研究におけるヲに関する一連の研究は、研究方法の面においても有益なものであると思われる。

1.3　本研究の対象と内容

本研究は、現代日本語の格助詞ヲで表示される様々な名詞の意味役割及びそれらの相互関係を研究の対象としている。なお、本研究において取り扱う具体的な内容は、次の通りである。

一、ヲ格のプロトタイプに関する考察

本研究では、従来「対象」と扱われてきたヲ格名詞の意味役割は均一なものではないと指摘したうえで、「対象」を「既存の真の対象」、「既存の偽の対象」及び「非既存の対象」に再分類した。その中で最も代表的であると思われるプロトタイプを「既存の真の対象」と認定し、それを表示するヲを$ヲ_1$と表記する。

また、ヲ格のプロトタイプの成員は言語主体の認知では、一種の働きかけられとして捉えられることを指摘した。その働きかけられは、対象の完全的な内在変化、対象の非完全的な内在変化、対象の外在変化、対象の不変化という四つのタイプに分けることができる。

二、ヲ格の拡張的意味役割に関する考察

ヲ格の「既存の偽の対象」、「非既存の対象」、「空間的対象」、

「時間的対象」、「状況」という五つの意味役割を拡張的意味役割とし、それらを表示するヲをそれぞれヲ$_2$、ヲ$_3$、ヲ$_4$、ヲ$_5$、ヲ$_6$と表記する。ここで言う「既存の偽の対象」、「非既存の対象」は従来の先行研究では「対象」に属されたものであり、「空間的対象」は従来の先行研究では「場所」と名づけられたものである。ヲ$_2$、ヲ$_3$、ヲ$_4$、ヲ$_5$、ヲ$_6$の間には、言語主体の認識のプロセスを反映する何等かの動機付けによって関連付けられていると考えられる。そのため、ヲ$_2$、ヲ$_3$、ヲ$_4$、ヲ$_5$、ヲ$_6$のあり方を明確にした上で、プロトタイプ的意味役割と拡張的意味役割、並びに、拡張的意味役割間の関連付けを提示する必要がある。本研究は、そのような意味役割の拡張は、概念的類似性によるメタファー、概念的近接性によるメトニミーといった言語主体の認知の働きによるものであることを主張する。

三、ヲ格の意味役割全体を統括するネットワークの構成

ヲ格の意味役割を包括的に考察したことに加えて、ヲ格の意味役割全体に共通する抽象的な性質、すなわちスキーマを抽出し、ヲ格の多義構造全体における個々の意味役割の位置づけを明示する。

1.4　本研究の理論的な背景

本格的な論述に入る前に、本研究の理論基礎となっている認知意味論、認知言語学のプロトタイプ理論及びその関連概念について、簡単に見ていこう。

認知言語学は、1980 年後半には、G・レイコフ（Lakoff）とラネカー（Langacker）の著作を始めとして、重要な成果が相次ぎ、今日まで急速に支持を広げつつある。認知言語学は、

認知の働きと言語とが密接に関係していると捉える言語学である。認知言語学の視点から見れば、言語は言語主体から切り離された、自立的な記号体系ではなく、言語主体が外部世界を認識し、外部世界との相互作用による経験がその基礎を成している。したがって、言語には言語主体の外部世界に対する解釈のモード、認知プロセスが何らかの形で反映されている。認知言語学は、言語主体の外部世界に対する認知様式を、言語分析を通して解明することを言語研究の課題としている。

1.4.1　認知意味論の意味観

Bolinger（1977）[①]は、「一つの語には一つの全体を包括するような意味（a single overarching meaning）がある」とし、「一つの形には一つの意味」（「形が違えば意味も違う」、「形が同じなら共通の意味がある」）というテーゼを打ち出している。これは、認知言語学のテーゼともなる概念である。ただし、認知言語学で言う意味は、伝統的なものとは違うことを指摘しなければならない。

認知言語学は言葉の意味に対し、次のような考え方を取っている。言葉の意味は、外部世界に客観的に存在しているのではなく、人間の具体的な経験を基盤とする認知のインターフェイスを介して理解され動機付けられているのである。簡単に言えば、言葉と外部世界の間に人間の「認知」という中間段階が仲介しているということである[②]。

認知意味論は主として言葉と人間の認知世界で構造された概念との関係を分析する。これまでの言語研究は、言葉の意味に対し、外部世界に存在しており、その外部世界の事物

---

① 岡（2006）より引用。
② 詳細は、東定芳（2008）、藍純（2001）、山梨（1995）を参照されたい。

を指し示すことによって獲得したのであるという、認知意味論とは異なった意味観を見せている。このような伝統的な意味論は、文に真理条件を立てることで、外部世界の真実をできるだけ反映させせようとするのである。その結果、言語主体としての人間の認識から独立し、言語主体とは関係を有していない、というような言葉の意味に対する研究が主眼となっている。まとめてみれば、次の図 1-1 になる。

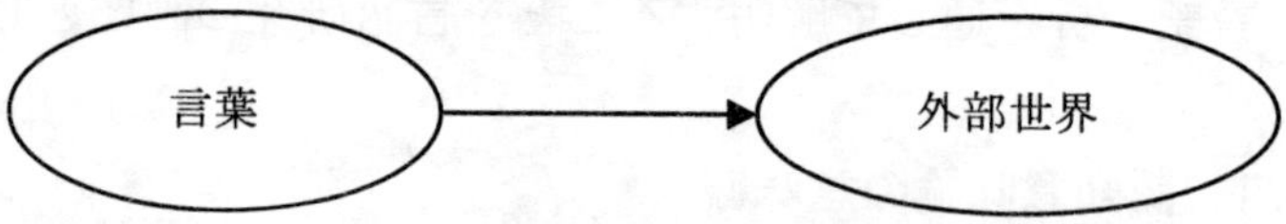

図 1-1　伝統的な意味論の意味観①

図 1-1 からわかるように、伝統的な意味論では、言葉の意味は直接的に外部世界を反映しているのである。それに対し、認知的な意味論では、言葉の意味は、直接的に外部世界を反映しているのではなく、言語主体の外部世界に対する認知を反映しているのである。この意味観を図で示せば、次の図 1-2 のようになる。

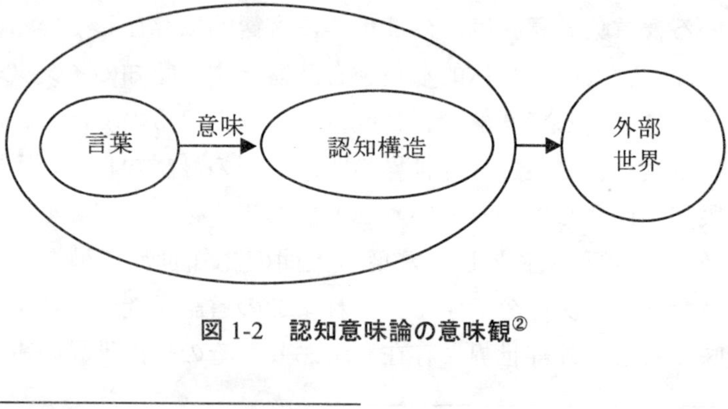

図 1-2　認知意味論の意味観②

① 藍純（2001：19）より引用。
② 藍純（2001：19）より引用。

図 1-2 に示されているように、言語主体の認知構造は、身体的・心理的な経験を基盤に、外部世界との相互作用をよって構成されると考えられる。言葉の意味は、そのような言語主体の認知構造を反映しているものである、といったことがうかがえた。言い換えれば、言語主体は、外部世界との相互作用を通して、具体的な経験を意味づけしているということである。

このような意味観に基づく認知言語学の研究の目的の一つは、形式から意味にわたる様々な言葉の諸相を考察していくことにより、言葉と言語主体の認識の関係を明らかにしていく点にある。

本研究の対象となっているヲは、文のレベルにおいて、述語動詞とヲ格名詞の意味関係を表すにもかかわらず、認知言語学の意味観のもとでは、ヲという言語化される文法形式が、何等かの点で意味的に言語主体の認知プロセスによって動機付けられたものであると考えられ、すなわち、ヲの使用の動機付けは言語主体の認知プロセスと密接にかかわっており、ヲの使用は外部世界に対する言語主体の把握の仕方、問題の状況に対する解釈モードを反映しているということである。そのため、ヲの意味分析には、言語主体の認知プロセスを考慮することが不可欠である。本研究では、そのような認知意味論的なアプローチをとるのである。

次ぎは、プロトタイプ理論及びその相関概念について概観する。

1.4.2 プロトタイプ理論

プロトタイプ[①]を中心にカテゴリー化（categorization）が行われるという物の考え方をカテゴリーの「プロトタイプ理論」と呼ぶ。

カテゴリー化及びカテゴリーに関し、吉村（2004）は次のように述べている。

> カテゴリー化とは、さまざまな概念をグループにまとめるといった心的過程を指す。例えば、りんご、バナナ、ミカン、イチゴは「果物」というグループにまとめられる。ひとまとめになったものをカテゴリーと言う。（P24）

また、籾山（2001）、吉村（2004）、谷口（2006）などによれば、あるカテゴリーの典型的な成員はプロトタイプと名づけられる。プロトタイプに近い成員は、中間的な成員と呼ばれ、プロトタイプから離れた成員は、周辺的な成員と呼ばれる。

「プロトタイプ」という語はRoschが1975年[FURNITURE]などの 10 のカテゴリーへの調査実験から来ているものである。これらの実験において、カテゴリーの成員の「成員らしさ」には程度の差があると認められた。すなわち、各カテゴリーにはプロトタイプに近い中間的な成員もあれば、プロトタイプから離れた周辺的な成員もある、ということである[②]。

---

① プロトタイプという用語には、いくつかの理解の仕方が存在する。その一つは、規範としてのプロトタイプという見方である。もう一つは下位カテゴリーとしてのプロトタイプという見解である。このアプローチに基づけば、ある特定の対象物はプロトタイプそのものであるわけではなく、プロトタイプを具現ないし例示しているということになる。三つ目は、抽象概念としてのプロトタイプという見解である。（ジョン・R・テイラー2007：107）本研究で言うプロトタイプは一つ目のものであることに注意されたい。

② 詳細は東定芳（2008：53）を参照されたい。

プロトタイプ理論によれば、カテゴリーとは、そのカテゴリーにとって典型的な成員であるプロトタイプとプロトタイプから離れた周辺的成員から構成されるということになる。つまり、カテゴリーの成員の間には典型性に関する相違があり、カテゴリーの内部は決して均一ではないと特徴づけられるのである①。

カテゴリーの成員は何のつながりもなくばらばらに点在しているわけではなく、カテゴリーの全成員には共通する何らかの抽象的な性質を有すると考えられる。それをスキーマという②。

例えば、吉村(2004)は、類別詞「本」のスキーマに関し、下記のように述べている。

> 「本」で数えられるものと言えば、すぐ浮かぶのは鉛筆、ろうそく、ロープ、大根などでしょう。どれも細くて長いものです。このようにいろいろな具体例に共通した抽象的なイメージ「細くて長いもの」が類別詞「本」のスキーマです。(中略) これに対し、「ヒット一本」、「ダッシュ一本」、「映画一本」、「注射一本」、「電話（通話）一本」など、様々な物も（周辺的な成員）も「本」で数えます。「細くて長いもの」というスキーマがプロトタイプほど顕著ではありませんが、かすかに残っています。例えば、ヒットはボールの弾道軌跡が細くて長いですし、ダッシュや注射も細くて長いものと関係しそうです。映画はフィルム、電話はコードが長くて細いです。(P50)

吉村はまた、以上のものを次のような図1-3にまとめている。

---

① 谷口（2006：15）を参照されたい。
② 谷口（2006：28～29）を参照されたい。

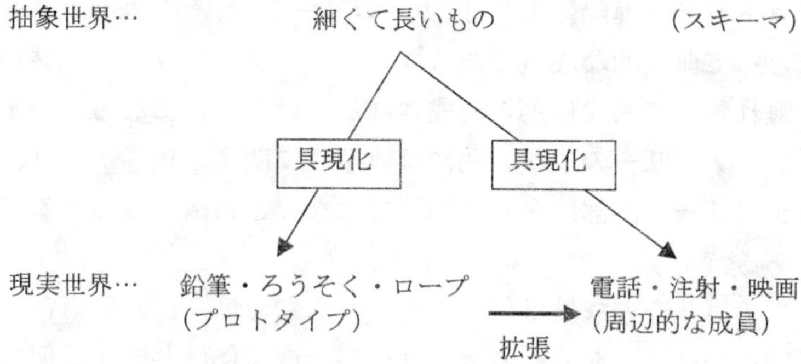

図 1-3

前述したプロトタイプ理論及びスキーマは、言語学的に応用すると、言葉の意味もプロトタイプカテゴリーであると見なされる。言葉の意味はプロトタイプ的意味とプロトタイプから離れた周辺的な意味から構成され、意味全体に共通するスキーマが抽出できると考えられる。1.1 で述べたように同一の格助詞がついた名詞は複数の意味役割を表示できる。その複数の意味役割は均一なものではなく、プロトタイプとプロトタイプから離れたものにより構成され、同一の格助詞で表示される名詞の意味役割全体に共通するスキーマがあると考えられる。本稿は格助詞ヲに関する研究である。そのヲについて、プロトタイプ理論及びスキーマに基づく分析を主旨としている。

1.4.3　意味拡張の方式：メタファー・メトニミー

認知言語学によれば、あるカテゴリーでは、プロトタイプは何らかの認知的なメカニズムにより、周辺的な成員へと拡張されるとのことである。その認知的なメカニズムは主として「メタファー」、「メトニミー」という二つが挙げられる。実際意味拡張のすべては何等かの点でこのいずれかに換言されるといってもよいであろう。

伝統的に、メタファーは「類似性に基づく比喩」、メトニミーは「近接性に基づく比喩」であると定義されるが、認知言語学においてのメタファー及びメトニミーはレトリックとしての比喩ではなく、より根源的に、人間の思考や概念の体系を形成する基盤として機能していると見なされる。これが、Lakoff&Johnson による「概念メタファー」の見方である。Lakoff&Johnson は 1980 年に著した『レトリックと人生』において、概念メタファーは言語主体の概念・思考体系を構成しているという指摘をした。概念メタファーは言語主体の認知の営みにあり、異なる概念領域間の類似性に基づいている。このような概念メタファーはモノではなく概念間での類似性ということになるため、類似性自体も非常に抽象的なものとなる[①]。

メタファーと異なって、メトニミーは単一の領域内における近接性に基づくと考えられる。メトニミーの認知的な基盤は参照点構造として一般化されるようになってくる。すなわち、認知的に際立ったものを参照点（たとえば、「電話を取る」における「電話」）として言語化し、それと関連する要素（(電話の）受話器）を目標として選び出し、それに注意の焦点を向けるようになるというわけである。山梨(1995)は、メトニミーを特徴づける近接性の関係として、「容器—中身」、「主体—付属物」、「主体—手段」、「作者—作品」、「材料—製品」などの具体例を取り上げている。それは、第 5 章の考察で具体的に分析する。

本研究では、ヲ格名詞の多種多様な意味役割は、プロトタ

① 詳細は谷口（2006）を参照されたい。

イプ的意味役割と拡張的意味役割から構成されると主張する。また、拡張的意味役割はプロトタイプ的意味役割からの拡張であり、もしくは他の拡張的意味役割からの拡張であると考えられる。さらに、その拡張の認知的なメカニズムは、類似性によるメタファーと近接性によるメトニミーであると捉えられる。

1.5　本研究の構成

本研究は次の 10 章から構成されている。

第 1 章の序章では、格助詞に関する本研究の立場を明確にし、本研究の目的・意義、対象・内容を提示する。

第 2 章は認知的な見地から格助詞ヲに関する先行研究を概観したうえで、先行研究の問題点と貢献を指摘する。

第 3 章から第 9 章は本論文の中核である。籾山(2001)が提唱した多義語分析の四つの課題に従い、格助詞ヲに関する一連の考察を行う。すなわち、第 3 章でまずヲ格の複数の意味役割を確認する。そのうえ、共時的な視点からヲ格のプロトタイプの認定を行う。ヲ格のプロトタイプを「既存の真の対象」とする。第 4 章は、「既存の真の対象」に属する成員に共通する特徴を考察するものである。第 5 章と第 6 章では、主として「既存の真の対象」から「既存の偽の対象」や「非既存の対象」へと拡張されるプロセスを究明する。第 7 章では、ヲ格名詞の「空間的対象」の意味役割を考察し、「空間的対象」が「既存の真の対象」から拡張される認知的なプロセスを分析し、「空間的対象」の下位分類を試みる。第 8 章と第 9 章では、ヲ格名詞の「時間的対象」の意味役割と「状況」の意味役割を考察し、他の意味役割との関連性を見出した上で、それらの意味役割へと拡張される認知的なプロセスを考察する。

第 10 章の終章では、ヲ格名詞の意味役割を統括するネットワーク・モデルを構築する。また、本研究をまとめ、残された問題点を整理し、今後の課題を展望する。

第2章　先行研究

国語学における助詞ヲの派生の仕方に対し、次のような説明がある[①]。

物事を承認し、確認する気持ちを相手に表明する語であった感動詞ヲが強調の意を表す間投助詞ヲとなった。こうした用法から動作の対象について、それを確認するために、ヲが投入されるようになり、そこからいわゆる目的格の用法が生じた思われる。また、接続助詞[②]のヲは、格助詞から転用したとする説と、間投助詞から派生したとする説の２つがある。この２つの説を詳しく見ると、①格助詞から派生したとする説は、格助詞として使われるもののうち、活用語の連体形に接続するものの中から、接続助詞としての機能を果たすものが現れたとする。②間投助詞から派生したとする説は、間投助詞のうち、「～ましを」というように、助詞「まし」と一緒に使われていたものが、「まし」が消失してからも、逆接的な用法がヲに残って、ヲが逆説的な意味を持つようになったとする。

次にそれぞれの助詞の成立年代についてみる。感動詞のヲも間投助詞のヲも奈良時代の文献に既に見られる。間投助詞

---

① 詳細は大坪（1994）p14－15を参照されたい。

② 体言(名詞)について逆接を表すものもあり、意味の上で逆接機能を果たすものは接続助詞とするなら、これも接続助詞とされることができる。しかし、述語としての用言と用言を接続するという、接続助詞の一般的な定義に従えば、接続助詞とされることはできない。

としての用法は、平安時代以降も受け継がれていく。だが、平安時代には、会話語・文章語の中にも見られるが、鎌倉時代以降は、和歌のような保守的な傾向を持つ言葉に見られるのが多数で、既に文語になっていたと考えられる。格助詞も奈良時代の文献に既に見られ、現代でも使われているが、奈良・平安時代にはまだあまり使われておらず、頻繁に使われるようになったのは室町時代ごろである。接続助詞は平安時代末期から鎌倉時代初期頃に使われ始めたという説と、奈良時代からという説があるが、後者が通説であるようだ。しかし、室町時代末期には、文語の中では依然として使われていたが、口語では限られた使われ方になり、江戸時代には、きわめてまれにしか例が見られなくなった。

現代日本語では、管見の限り、文法書の多くは、接続助詞としてのヲを独立して認めていない。ヲに関する先行研究は、格助詞としての用法の記述と分析が多数である。

また、格助詞のヲに関しては、従来より多くの研究者によってさまざまな立場から考察されてきた。簡単にまとめると、次のようになる。

ヲ格名詞の意味役割の分類に関する記述である。（橋本 1969、杉本 1986、益岡・田窪 1987、鳥飼 1993、国立国語研究所 1997 など）

格助詞ヲと類義関係にある他の格助詞との比較である。(久野 1973、三宅 1996 など)

格助詞ヲと他動性との関係である。（ヤコブセン 1989、角田大作 1991 など）

認知言語学の見地からヲ格の意味役割のすべてをまとめて考察したものである。(菅井 1998、森山 2005、2008、岡 2005、2007 など)

本研究は、格助詞ヲのプロトタイプ及びその拡張を研究するため、ここではそれに関連する先行研究のみを取り上げることにする。具体的には、菅井（1998）、森山（2005）（2008）、岡智之（2005）（2007）の研究成果を詳しく見ていきたい。

2.1　菅井三実(1998)

菅井（1998）は、ヲ格の意味機能を包括的に考察し、スキーマによる特徴づけとネットワーク化を行った。

菅井は、ヲ格の意味用法を（2-1）の五つに整理している。

(2-1) a 太郎がリビングで夕方までテレビを見ていた。（対象）

b 太郎が健康のために公園を自転車で走っている。（経路）

c 太郎が急用で部屋を出て行った。（起点）

d 太郎が学生時代にカナダで3週間を過ごした。（時間）

e 雨の中を太郎が病院まで見舞いに来てくれた。（状況）

そして、そのようなヲ格の多義的な意味機能を図 2-1 のように包括的にネットワーク化している。

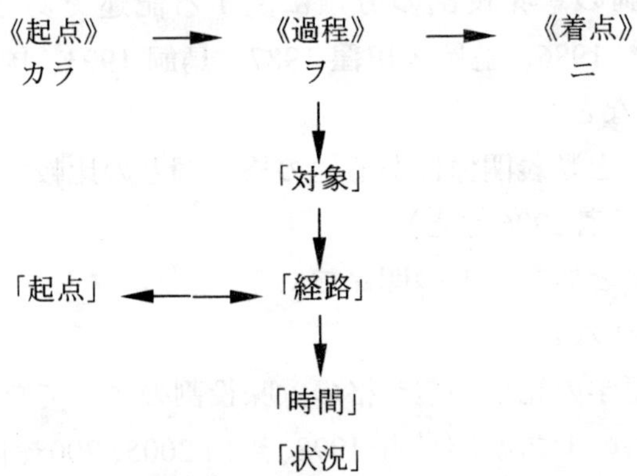

図 2-1　ヲ格の意味機能の総合的なネットワーク化

図2-1に示すように、菅井（1998）は、日本語のヲ格を「《起点》→《過程》→《着点》」というイメージ・スキーマにおける《過程》のプロファイルとして意味的に規定している。意味機能としての「対象」、「経路」、「起点」、「時間」、「状況」は《過程》を中核とした隠喩的写像[①]によりネットワーク化されている。詳しくは、次のような説明がなされている。

A）ヲ格は、働きかけの授受という面でガ格の対極にあり、かつ、(2-2)、(2-3）の例文のようにカラ格とニ格の間に位置付けられることが分かる。

(2-2）社長が支店を京都から大阪に移した。

(2-3）太郎が花子を係長から課長に抜擢した。

B）ヲ格の「経路」の意味役割は、「モノから空間へ」という隠喩的写像で「対象」から拡張されたのである。それによって、菅井は、「対象」も「経路」も《過程》の特質を持っていると主張している。次の(2-4)aのように「交差点」はヲで表示されるとき、「左折する」という行為において空間的な《過程》をプロファイルしたものであるのに対し、(2-4)bのように、デで表示される「交差点」は、「左折」という行為が行われる時点で主格の「花子」が所在していたところである。

(2-4)a 花子が交差点を左折した。

b 花子が交差点で左折した。

図2-1において「起点」と「経路」の間に両方向矢印の←→

① つまり、本研究で言うメタファーである。

を付したのは、「経路」と「起点」が相補的に機能するという菅井[①]（1998）の仮定に基づいたものである。
C）また、(2-5)のような例文をあげることにより、「空間から時間」という隠喩的拡張によって、ヲ格の意味機能は適切にネットワーク化されるものと説明されている。

(2-5) a 山中の険しい道を必死に駆け抜けた。（経路）
b 1990年代の前半を必死に駆け抜けた。（時間）
c 1990年代の前半を静かにカナダで過ごした。（時間）

まず、(2-5)aから(2-5)bにかけては、同一の述語を取りながら、下線部のヲ格名詞が「空間」から「時間」へ変更されることで意味解釈も「経路」から「時間」に推移する。また、(2-5)aと(2-5)bの述語動詞には空間的移動の意味が残っているが、(2-5)cのように述語の語彙的な意味から空間的な側面がなくなることで、「時間」の解釈が自然である。
D）さらに、ヲ格成分の「中」や「ところ」のような空間名詞が主要名詞になっている「状況」の意味役割では、「時間」ではなく、空間的な「経路」からの隠喩的拡張という考えを示している。したがって、図 2-1では、「時間」と「状況」の間には矢印がつかないこととなる。

以上が菅井のヲ格のスキーマ及び意味項間の拡張プロセスに関する主張である。菅井の一連の研究は、格助詞ヲを認知言語学の見地から規定しようとした点において先駆的であるが、ヲ格の特徴づけには下記のような不明な点が残されて

① 相補的に機能するというのは、「経路」と「起点」のヲ格成分は同じ節の中に共起することが許されないということである。たとえば、次のような用例である。
例：西宮ICから急いで高速道路を来た。（○）
西宮ICを急いで高速道路を来た。（×）

いる。

まず、菅井は、「《起点》→《過程》→《着点》」というイメージ・スキーマ[①]をヲ格全体のスキーマとしている。問題はそれが適切かどうかということである。ヲ格の「経路」の意味役割は、例えば

(2-6) a 太郎が東京から国道1号線を大阪に向かった。(経路)

　　b 宇宙の彼方から彗星ガ軌道上を地球に接近しています。

といった例文では、「《起点》→《過程》→《着点》」というスキーマに当てはまるが、「対象」の用法には当てはまらない場合が多いようである。例えば、

(2-7) a 太郎が花瓶を壊した。(作例)

　　b 太郎が花子を殴った。(作例)

(2-7)のような例文は、カラ格、ニ格とも共起せず、「《起点》→《過程》→《着点》」という意味特徴も持たないであろう[②]。

それは、ヲ格の特徴づけを行う際に、モノ的な「対象」が1次的に引き出され、空間的な「経路」が2次的に引き出さ

---

① イメージ・スキーマとは、身体の構造に基づく様々な経験を構造化したものである。例えば、「何かの中に何かが入っている」と言うイメージ・スキーマは、「容器のスキーマ」と呼ばれる。それに対し、スキーマとは、認知心理学の用語で、あるものや事象に関する過去の経験に基づく知識をより抽象化・構造化したものである。認知言語学では、あるカテゴリーのすべての成員に共通した抽象的な意味とされる。

② もちろん、「対象」の用法では、移動を伴う動詞が用いられた文だけは例(2)、(3) はそのスキーマに当てはまると考えられる。

れるという結論を出すために、本来「移動」のイメージ・スキーマである「《起点》→《経路》→《着点》」を、「《起点》→《過程》→《着点》」と書き換え、一般的な「モノから空間」という隠喩的な写像に符合する形で「対象」から「経路」の順に拡張させることに原因があると考えられる①。ヲ格のプロトタイプは菅井も論じているように「対象」の用法であり、「移動」の「経路」は拡張的意味役割である。したがって、「《起点》→《経路》→《着点》」という移動のイメージ・スキーマがプロトタイプの「対象」に具現化するのは不適切であると言わざるを得ない。

つまり、菅井（1998）が主張するヲ格のスキーマは、やはりヲ格の拡張的意味機能である「経路」において典型的にベースとなりうるもので、これをヲ格全体の意味機能のスキーマとすることはふさわしくないと考えられる。

次に、ヲ格の「状況」の意味機能についてであるが、これは「時間」ではなく、空間の「経路」から拡張されているという考えを示している。しかし、コーパス②で検索した結果、下記のような用例も出てきている。

(2-8) a 星だけの夜の中を車輌はしずしずと進んだ。（1990『列車消失』阿井渉介）

b 春の日曜日の明るい午後の中を歩いていった。（1971『その時がきた』佐藤愛子）

下線部におけるヲ格の意味機能は「状況」と捉えてよいで

① それについては、森山（2008）にも同様な指摘がある。

② 戴宝玉氏の提供による。コーパスの規模約4500万字、内容は主として脚本、小説および随筆から構成される。以下のコーパスは特に断らないかぎり、すべてこのコーパスのことをさす。

あろう。菅井によれば、「状況」の意味機能は「経路」から拡張されるということである。だが、果たしてそうであろうか。仮にそうであるならば、その拡張プロセスはどうなるのであろうか。そうした問題は未だ不明である。

2.2　森山新（2005）（2008）

森山(2005)(2008)は、菅井の一連の研究を踏まえながら、主にラネカーの主張[①]に従って、日本語のヲ格の多義と意味構造を考察した。まず、森山は、ヲという形式を共有している用法は、なんらかの意味(スキーマ的意味)を共有しつつ、プロトタイプ的意味を中心として、そこから様々なものに派生し、一つの意味カテゴリーをなすという考え方を示した。そこからヲ格の意味用法をまとめ、ヲと他の格助詞の使い分けにより、ヲ格の意味用法の関連性を明示しようとするものである。

詳しくは次の通りである。

森山はまずヲ格の意味用法を下記のようにまとめている。

(2-9) a　対格：「子供を殴る」、「家を建てる」、「本を貸す」、「母を恋しがる」

b　場所格：起点を表す：「駅を出る」、「ふるさとを去る」、「大学を卒業する」

① Langacker（1991）は、「言語主体としての人間は、人間を取り巻く外界をさまざまなモノ同士の関係で構成されるネットワークであると見る。しかし、人間は普通、その中の一つ動力連鎖（action　chain）に関心を向け、その一部を切り取り、叙述の対象とし、それをベースとして、2 つの参与者とその関係をプロファイルする。これが言語化される際には、普通、プロファイルされる動力連鎖（action　chain）の最上流の参与者が最大の際立ちをもって認知され、言語化にあたって主格で表され主語となる。またプロファイルされた動力連鎖（action　chain）の最下流の参与者が第二の際立ちを持って認知され、言語化の際には対格で表され、目的語となるとしている」と主張している。

経路を表す：「道を渡る」、「駅を通過する」、「空を飛ぶ」

c 状況格：「太郎が雨の中を行く」、「豪雨の中を敵と戦った」

d 時格：「思春期を経て大人になる」、「4 年間を仙台で過ごした」

森山はそれらの意味用法（(2-9) a～(2-9) d) のうち、対格がプロトタイプであるとし、対格から、場所格（経路と起点)、状況格、時格へと拡張することを主張している。図 2-2 に示すように、ヲ格の意味用法の拡張には、プロトタイプ的意味役割との間に何らかのスキーマの共有があると考えている。

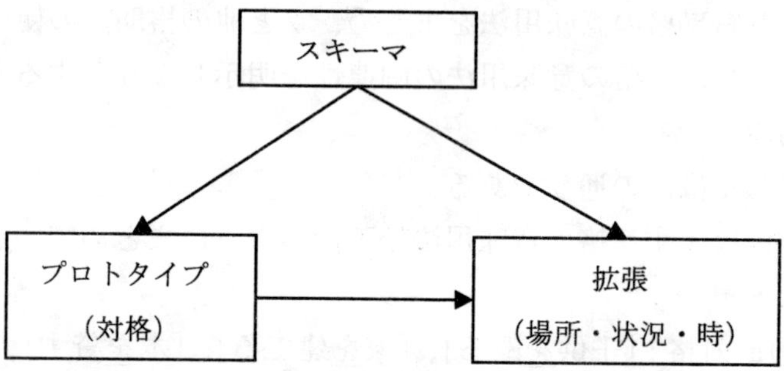

図 2-2　ヲ格の意味拡張とスキーマ

これにより、森山（2005）は、場所格、状況格、時格の用法については、場所、状況、時をメタファー的に「モノ（参与者)」として捉えられたものであり、対格からの拡張であると主張する。さらに、いずれも「動作主（ガ格）からの動力連鎖が結ばれ、その動力圏内（動力連鎖の終点）に置かれている」というスキーマを対格の用法と共有していると分析している。すなわち、(2-9)に挙げられている場所格、状況格、時格の用法はすべてそのようなスキーマを持っていると主張しているのである。

以上が、森山(2005)(2008)のヲ格に関する研究をまとめたものである。

森山の研究は本研究に取り上げられるヲだけではなく、ほかの格助詞の研究についても認知言語学の視点に力を入れているようであり、格助詞の研究を大いに発展させてきた。ただし、ヲに関しては次の点において説明が足りず、さらに研究を進める余地があると考えられる。

まず、森山の研究はヲ格の意味用法の拡張関係を指摘するに留まり、詳細な拡張プロセスについては深入りしていないようである。たとえば、対格から場所格への拡張に関しては、分析は次のように簡単なものとなっている。

> 場所格では、対格と異なる点は、ヲ格が「モノ（参与者）」ではなく、「場所」であること、つまり、「場所」が「モノ」としてメタファー的に捉えられた結果、「モノ」の拡張として「場所」が理解されている。「場所」と「対象」との間で共有しているのは、「場所が動作主（ガ格）を起点とする動力連鎖が結ばれ、その動力域内に置かれている」というスキーマである。(P58)

また対格から、時格への拡張については、大体同じような説明である。しかし、ヲ格の意味用法及び意味用法間の関連性を究明するには、上述のような説明では物足りないと言わざるを得ない。ヲ格の意味用法間の拡張関係を明らかにし、それぞれの拡張プロセスをはっきりさせなければならないだろう。

次に、拡張関係の説明には齟齬がある。図 2-2 によれば、ヲの状況格は対格から拡張されるとのことである。しかし、森山は状況格に関して、次のような説明も出している。

「状況」のヲ格は前節の場所の用法の「経路」が抽象化し、「状況」となったものであると考えることができる。(P58)

とすれば、状況格はいったい対格から拡張されるのか、それとも場所格から拡張されるのか、ということがわからなくなってしまう。

2.3　岡智之（2005）（2007）

岡（2005）（2007）はヲ格の意味用法のネットワークを構築しようと試みた。岡（2005）は、「経路」をヲ格のプロトタイプとし、「経路」から「対象」へと拡張するものと主張したのに対し、岡（2007）においては、「典型的な対象①」と「経路」をヲ格のプロトタイプとした 2 つの中心的用法としている。そのように、岡（2005）と岡（2007）とでは、ヲ格のプロトタイプの認定に相違がみられる。ただし、意味用法間の拡張関係に関しては、ほとんど同一の説明が与えられているため、ここでは岡（2007）を取り上げることにする。

岡（2007）によれば、ヲ格のスキーマと意味ネットワークは図 2-3 のように示される。

① 岡（2007)によれば、動作主から何らかの働きかけを受けて状態変化を起こすモノである。

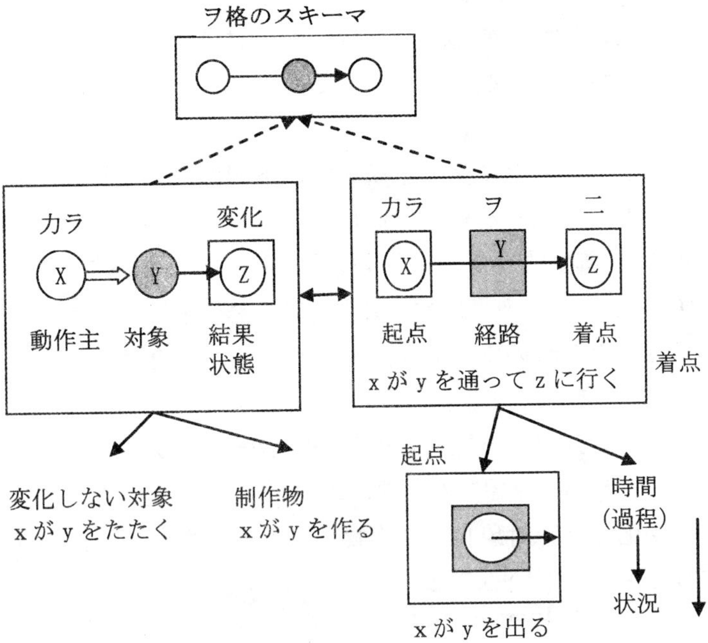

図2-3　ヲ格のスキーマと意味ネットワーク

図2-3に示すように、岡（2007）では、「点と点の間にある点」というイメージをヲ格のスキーマとしている。そのようなスキーマが具現化されて、「典型的な対象」と「経路」の意味用法が形成されるのである。

岡（2007）は具体的に次のように述べている。

> 「経路」の場合は、動作主（移動者）がヲ格名詞を貫いて移動するに対し、「対象」の場合は、動作主がヲ格名詞に働きかけ（そのエネルギーに貫かれるにことによって）、ヲ格名詞が移動、或いは変化するのである。典型的な対象からは、変化しない対象（「太郎が次郎を

たたく」）或いは制作物（「プラモデルを作る」）が拡張される。また、「経路」からは、「起点」のヲ格が、或いは時間（過程）、状況の用法が拡張されるとする。(P475)

岡（2007）のヲに関する研究には下記のような特別な点があることを指摘しなければならない。

まず、「典型的な対象」と「経路」の意味用法を統一的に説明するために、「典型的な対象」と「経路」をヲ格のプロトタイプとした2つの中心的な意味用法とすることはこれまでになかった発想である。

次に、菅井（1998）と森山(2005)(2008)はヲ格のプロトタイプとされる「対象」の内部においても、「典型的な対象」から「変化しない対象」、「制作物」へと拡張される関係が存在すると主張していることである。

それから、「場所」の下位意味項に属する「経路」と「起点」は菅井(1998)が主張する相補的に機能するものではなく、拡張関係をなしていることである。

上述したような岡（2007）のヲについての目新しい分析は評価されうるものの、「典型的な対象」と「経路」を統一的に説明するために、本来拡張的意味役割である「場所」を下位分類し、その下位意味項の「経路」もヲ格のプロトタイプに入れるのは無理があると言わざるを得ない。「経路」には「点と点の間にある点」のスキーマを抽出できる用例は少数である。例えば、(2-10）の下線部はあまり見られない。

(2-10) a　モモが、みどりの<u>海を泳ぎ</u>ながら、大声をあげました。(2004『フンダバー』くぼしまりお)

b　それから一時間、私たちは一語も交へずに<u>公園を歩</u>

いたのだ。(2003『編年体大正文学全集』藤沢桓夫)

(2-10)の下線部におけるヲの意味用法は、「経路」といってよいだろう。「点と点の間にある点」というスキーマは抽出できない。岡（2007）にならい、そのイメージを図に描くと、次の図 2-4 になる。

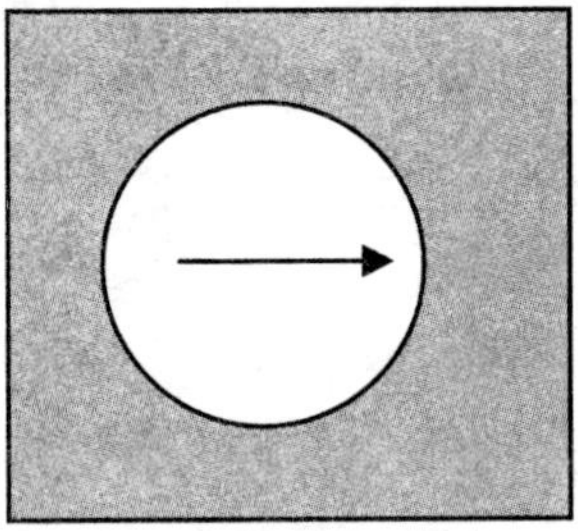

図 2-4

それは、(2-10)a と(2-10)b における「泳ぐ」と「歩く」は、「海」、「公園」に出たりはしないためである。

さらに、「状況」は「経路」から拡張されるという文字による説明があるにも関わらず、図 2-3 から見れば、「状況」と「経路」の間に矢印を描くことができないのに対し、「状況」と「時間」の間には矢印が描かれているのである。岡（2005：185）は「状況」とは「時間」と「空間」が融合した場面であると考えれば、「時間」と「空間」の間に位置づけられのが自然である」と述べている。とすれば、「状況」の意味用法は「経路」から拡張されるのか、それとも「時間」から拡張されるのか、ということがわからなくなる。また、その拡張のメカニズムについては岡（2005）においても岡（2007）においても触れていない。そういった問題はさらに議論する必要があると考えられる。

2.4　本章のまとめ

本章では認知的な見地からヲに関する先行研究を概観し、諸説の貢献したところと不備な点を指摘した。

「ヲで表示する名詞の意味役割」に関し、菅井では、「ヲ格の意味機能」、森山と岡では、「ヲ格の意味用法」と呼んでいた。それらは本研究の第1章で述べたヲ格の意味役割に当たる。用語を統一するため、ヲ格の意味役割と称する。また、森山(2005)(2008)の研究においては、ヲ格の意味用法はそれぞれ対格、場所格、時格のように「～～格」と名づけられていた。菅井、岡は、「格」を用いず、対象、場所、時間と呼んでいる。本研究では、菅井、岡と同様の呼び方、つまり、「格」を使わず、「対象」、「時間」のように称することにする。

上述の先行諸研究は、ヲ格のスキーマ、ヲ格のプロトタイプ及び意味役割間の拡張関係に関する主張に関しては下記の表2-1にまとめることができる。

表2-1　先行研究の三説の異同

	菅井説	森山説	岡説
スキーマ	《起点》→《過程》→《着点》における《過程》	動作主（「ガ」格）からの動力連鎖が結ばれ、その動力圏内（動力連鎖の終点）に置かれている	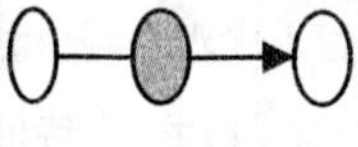
プロトタイプ	対象	対格	対象と経路
拡張関係①	対象から空間	対格から場所格	典型的な対象から変化しない対象と製作物
拡張関係②	空間から時間	対格から時格	経路から起点と時間

続表

	菅井説	森山説	岡説
拡張関係③	空間から状況	対格から状況か場所から状況かははっきりしていない	経路から状況か時間から状況かははっきりしていない

表 2-1 に見られるように、先行研究では、ヲ格のスキーマ、ヲ格のプロトタイプ、ヲ格名詞の意味役割の拡張関係に関し、未だ統一した見解が得られているとはいえない。

まず、ヲ格のスキーマに関し、菅井（1998）は「《起点》→《過程》→《着点》」における《過程》をヲ格全体のスキーマとしている。それに対し、森山（2005）は動作主（「が」格）からの動力連鎖が結ばれ、その動力圏内（動力連鎖の終点）に置かれているというのをヲ格のスキーマとして取り上げている。岡（2007）は言葉ではなく、図で表現している。

次に、ヲ格のプロタイプに関し、菅井と森山とでは「対象」であると一致した意見を得ているが、岡はヲ格のプロトタイプとして「対象」と「経路」という二つを挙げている。

さらに、意味役割間の拡張関係に関し、それぞれ意見が分かれていることは明らかである。

このように、ヲ格のスキーマ、ヲ格のプロトタイプ及び意味役割間の拡張関係に関して見解が分かれていることは、以上を見れば、明らかであろう。格助詞ヲに対する研究が必要であると考えられる。そのため、本研究は、上記した先行研究を踏まえながら、以下の課題に重点を置くことにしたい。

1) まず、ヲ格のプロトタイプを認定することである。菅井も森山も「対象」をヲ格のプロトタイプと主張している。岡は「典型的対象」と「経路」をヲ格のプロトタイプと主張している。本研究では、従来「対象」とされてきた一類に属するものは均一ではなく、「対象」の内部にも拡張関係が存在すると考える。そのため、従来「対象」と扱われてきたヲ格名詞の意味役割に対する再分類が必要となる。詳細は第 3 章で展開する。

2)つぎに、ヲ格のプロトタイプから拡張的意味役割への拡張プロセス、及びそのプロセスに関する認知的な解釈を与えることである。前述したように、先行研究における諸説ではそれに関する詳細な説明はなされていないようである。本研究ではそのようなヲ格名詞の意味役割間の拡張関係の解明に重点を置きたい。具体的には第 4 章から第 9 章にかけて論述する。

第3章　ヲ格のプロトタイプの認定

第1章で述べたように、認知言語学の立場では、基本的には意味と形の間に相関関係があり、同じ形式を持つもの同士は、多義語であるとされる。本研究は、同一の格助詞ヲで表示される名詞は、複数の意味役割を有していることから、ヲを多義語として扱うことにする。そのヲを研究するには、下記に示す籾山（2001）が提唱した多義語分析の四つの課題を取り上げることが必要である。

1）（それぞれ確立した）複数の意味の認定

2）プロトタイプ的意味の認定

3）複数の意味の相関関係の明示

4）複数の意味すべてを統括するモデル・枠組みの解明

（P32）

1）の課題は、多義語分析の前提となる課題である。多義語は、複数の意味を持つものであり、個々の意味を記述することが必要である。2）の課題は、プロトタイプ理論に基づくものである。つまり、複数の意味の中で、最も重要であり、習慣化の程度、認知的な際立ちが高いといった特徴を備えたものをプロトタイプ的意味と認定するということである。3）の課題も 1)と同様、多義語の定義から必然的に導かれるものである。つまり、多義語の複数の意味には相互に何等かの関連が認められるため、個々の多義語分析にあたって、その関連の実態を明らかにすることが課題となる。さらに、実際の多義語の分析を通して、複数の意味の間には一般的にどのような種類の関連が認められるかということを明らかにすることも重要な課題となる。4) の課題は、3)をさらに発展させたものであると考えられる。つまり、多義語の複数の意味の相互関係を明示することに加えて、個々の意味に共通する意味を抽出すること、および多義語構造全体における個々の意味の位置付けを明示することなどが課題となる。

籾山の多義語分析に関する考え方は、認知的な視点からの多義語研究として、極めて価値のあるアプローチであり、多くの研究者によって参照されている。本研究においても氏の研究に示唆されたものが多いと言ってよい。本章は、それにしたがい、ヲ格名詞の複数の意味役割を認定し、その中で、プロトタイプと思われる意味役割を認定しようとするものである。

3.1　複数の意味役割の認定

ヲ格のプロトタイプの認定を行う前に、まず、ヲ格名詞の複数の意味役割①を確定しなければならない。ところが、一般的に、格助詞のついた名詞の意味役割を判断する厳密な基

① ヲ格名詞の意味役割について「対象」と「場所」を区分することは古くから行われている。例えば、山田（1908：560－561）は、ヲ格名詞の意味役割を「対象」と「場所」に二分しており、山田（1936：413－415）は、前者に含めていた使役の動作者を独立させ、三分している。橋本（1969：109－119）は、①他動の対者②経由するところ③はなれる起点に分けている。森田（1989：1249）は、「場所」に関して、「起点」と「経由点」のほかに、「経過場所」と「方向」を掲げている。

準は与えられてはいない。どの範囲までの意味をどのような基準によって分類するかは決まっているわけではない。ここでは、まず同じく認知的な視点からヲの研究に取り組んでいる菅井（1998）、森山（2005）（2008）と岡（2005）（2007）によって行われた格名詞の意味役割の分類を取り上げる。次の表 1 に示す通りである。

表 3-1

<table>
<tr><td></td><td colspan="7">ヲ格名詞の意味役割の分類</td></tr>
<tr><td rowspan="2">菅井</td><td colspan="3" rowspan="2">①対象</td><td colspan="2">②空間[①]</td><td rowspan="2">③時間</td><td rowspan="2">④状況</td></tr>
<tr><td>経路</td><td>起点</td></tr>
<tr><td rowspan="2">森山</td><td colspan="3" rowspan="2">①対象</td><td colspan="2">②場所</td><td rowspan="2">③時間</td><td rowspan="2">④状況</td></tr>
<tr><td>経路</td><td>起点</td></tr>
<tr><td>岡</td><td>①典型的な対象</td><td>②変化しない対象</td><td>③制作物</td><td>④経路</td><td>⑤起点</td><td>⑥時間</td><td>⑦状況</td></tr>
</table>

表 3-1 に示すように、菅井と森山では、ヲ格名詞の意味役割に関する分類のし方が同じであることがわかる。両者とも対象、場所、時間、状況という四つの意味役割を考察の対象とし、それぞれの拡張関係を論述した。それに対し、岡はヲ格名詞の意味役割を 7 つに分けている。それら 7 つの意味役割を対象に、それぞれの拡張関係を考察した。このように、ヲ格名詞の意味役割の分類に関しては、意見が分かれていることは明白である。具体的に見れば、菅井と森山の分類における「対象」、「場所」という意味役割は、岡では前者を「典

① 菅井が言う「空間」は本研究で言う「空間（的対象）」と同じものではなく、森山が言う「場所」と同じものであることに注意されたい。以下は、混同を避けるため、菅井での「空間」を触れるときも、「場所」ということにする。

型的な対象」、「変化しない対象」及び「制作物」という三つに細分類化し、後者を「経路」、「起点」という二つに細分類化している。

本研究においては、上述した意味役割の分類の差異に関し、次の点において、更に検討する余地があると考えている。

つまり、菅井と森山の分類における「対象」の一類にまとめられたヲ格名詞を同一視できるであろうか。ヲ格名詞の意味役割の拡張関係を分析する際、「対象」、「場所」に関し、岡のように細分類を行うことが必要であろうか。必要であるなら、どのような細分類をすればよいのであろうか、といったことである。

実は、「対象」という類に属するヲ格名詞が均一なものではないことは早くから仁田（1993）、鳥飼（1993）によって指摘されている。

仁田（1993）は「対象」に属するヲ格名詞には、下位的異なりが存在すると指摘し、さらに、「主体の物理的な働きかけを受ける、といった関係的な意味を有するヲ格名詞を『対象』の典型・極に位置するもの」とし、「そこから段階的・連続的にずれていくいくつかのタイプが存在する」と主張している。

また、鳥飼(1993)はヲ格名詞のあり方を16種挙げている。その中で、少なくとも下記の7種を「対象」というカテゴリーに入れることができるとしている。(3-1) に示すとおりである。

(3-1) a 主体の動作・作用が直接的に及ぶもの。例えば、「火を消す」、「顔を殴る」など。

b 精神的な働きかけの対象となるもの。例えば、「海を見る」、「師を敬愛する」など。

c その動作・作用によって結果的に作り出されるもの。例えば、「家を建てる」、「手袋を編む」など。

d 使用・操作する対象としての道具。例えば、「銃を撃つ」、「ワープロを打つ」など。

e 主体の演じる役割。例えば、「ハムレットを演じる」、「四番を打つ」など。

f 動作・作用の向かう対象としての場所。例えば、「庭を掃く」、「ペンキで壁を塗る」など。

g 動作・作用の向かう対象としての方向。例えば、「西を向く」、「磁針が北を指す」など。

仮に菅井と森山の分類基準に従えば、(3-1)a～(3-1)g の意味項は「対象」というカテゴリーに入れるべきである。鳥飼の分類によれば、それらの性質はそれぞれ異なっていることが明確である。具体的に見れば、(3-1)a では「消す」という動作はヲ格名詞である「火（を)」そのものを働きかけの直接的な対象としているのに対して、(3-1)c では「建てる」動作を行う時点でヲ格名詞である「家（を)」は存在していないため、動作が直接的に働きかける対象にはならない。意味的には、「家（を)」は、「建てる」動作の働きかけの結果と捉えることができる。また、(3-1)d では、ヲ格名詞である「銃（を)」は「撃つ」動作の直接的な対象とは考えられない①。それは、銃をめがけて発砲し、その結果、銃が粉砕する様子を思い浮

① 「銃」は「撃つ」動作の直接的な対象であるという呉侃先生のご指摘はあったが、それは「撃つ」という動詞の意味射程に関わっている。本研究は、「撃つ」動作が「銃」までのエネルギー移動は認めるが、「撃つ」動作の働きかけの対象は「銃」そのものではなく、「人」、「獲物」などであると考える。その意味では、「銃を」は「撃つ」動作の「既存の偽の対象」として捉えるべきである。

かべることは少ないからであろう。以上をみれば、鳥飼は「対象」に収まるものを細かく分類していることが伺える。

したがって、「対象」の意味役割に属するヲ格名詞が均一のものではなく、同一視できないといえよう。岡が「対象」を「典型的な対象」、「変化しない対象」及び「制作物」という三つに再分類化したことも、「対象」のさまざまなあり方に気づいたからであろう。

後述するように、本研究も「対象」のさまざまなあり方の間にも拡張関係が形成され、「対象」ではなく、「対象」の下位意味項が他の意味役割との間に拡張関係がなされると考えている。そのため、ヲ格名詞の意味役割の拡張関係を解明しようとしたものの、「対象」の内部の拡張関係を無視して、「対象」の下位意味項を同一視し、「対象」と他の意味役割間の拡張関係を論述するという菅井、森山の説は不適切ではないかと言わざるを得ない。本研究は、基本的に「対象」の内部に拡張関係がなされるという岡の立場に立ち、「対象」に対する細分類が必要であると考えている。

岡は「経路」と「典型的な対象」という二つの意味役割をヲ格のプロトタイプとする。本研究は、「対象」に関する細分類の発想こそは氏の研究に示唆されたものではあるものの、具体的な分類のし方は、下記のように岡とは違うものを取っている。

まず「対象」の詳細を見ていこう。前述した鳥飼（1993）が挙げた「対象」の意味項は、きわめて詳細であることは評価されるものの、分類の基準がはっきりしていないことが指摘されなければならない。たとえば、(3-1)b の「精神的な働きかけの対象となるもの」は、後述の表 2 によれば、(3-1)a に入れてもよさそうである。というのも、精神的働きかけであろうとなかろうと、おしなべて(3-1)a である「主体の動作・作用が直接的に及ぶもの」に入れることができるからである。また、(3-1)f の「庭を掃く」は「動作・作用の向かう対象としての場所」とされているが、「庭のゴミを掃く」に変えれば、「ゴミ」は「場所」ではないため、(3-1)a に入れなければならないであろう。要するに、分類の基準をはっきりさせないと、「場所」、「方向」のような意味による分類をするならば、どこまで細分化すればよいか、共通の見解が得られないだろう。それでは、分類の基準をどの辺に設定すればよいか。本研究における分類は、「ヲ格名詞はどの時点で存在しているか」と「ヲ格名詞は動作の実際の働きかけの対象であるかどうか」を基準にして議論を薦めたい。その結果、表 3-2 に示すように、「対象」を「既存の真の対象」、「非既存の対象」、「既存の偽の対象」とに大別することができる。

表 3-2

	どの時点で存在しているか	動作の実際の働きかけの対象であるかどうか
既存の真の対象	動作を行う時点で存在する	動作の実際の働きかけの対象
既存の偽の対象	動作を行う時点で存在する	動作の実際の働きかけの対象ではない
非既存の対象	動作を行う時点で存在していない	動作の実際の働きかけの対象ではない

「既存の真の対象」とは、その名の通り、ヲ格名詞が動作を行う時点で存在しており、動作の働きかけの真の対象である。たとえば、次の下線部のようなものである。

(3-2)a 収穫できるのは主として麦と芋で、芋を煮た上に炒た少量の米や麦をかけたウケ茶が常食であった。(1990『鯨の絵巻』吉村昭)

b 管理人は返事をする代わりに、ポンと膝を打った。(1993『リング』鈴木光司)

c 家にただひとり残された、キミのお母様を訪ねるためだ。(2001『メビウス・レター』北森鴻)

d 目の前の赤信号に急ブレーキを踏んでから、ジョージはたった今自分の思ったことをそのまま繰り返した。(1990『葉桜の日』鷺沢萠)

(3-2)a～(3-2)d の下線部におけるヲ格名詞は、みな動作を行う時点で既存しており、既存物である。「芋(を)」、「膝(を)」、「お母様 (を)」、「ブレーキ (を)」はそれぞれ、「煮る」、「打つ」、「訪ねる」、「踏む」という動作の働きかけの真の対象である。そのようなヲ格名詞と動作との意味関係をヲ$_1$と表記する。

これに対して、「既存の偽の対象」は、ヲ格名詞が動作を行う時点で存在してはいるが、動作の実際の働きかけの対象とはならないものである。例えば、下記のようなものである。

(3-3)a 花瓶のあるその隅に立って、自ら銃を撃ってみた。(2001『第三の銃弾』カーター・ディクスン)

b 万物が眠っているような未開の時代に、弓を射て、細かい多くの都を支えた。(1992『神代巻の現代語訳』中西信伍)

c 四回目のコールでジューンが電話を取ったとき、リュークはすでに螺旋段階の真ん中あたりにいた。(2003『野

蛮な誘惑』古川倫子)

　　d しばしば風呂を沸かし、薪を燃やしておれば、「谷前の後家は栄耀ばっかりしゆう」と悪評がたつ。(1994『椿と花水木』津本陽)

(3-3)a〜(3-3)d の下線部におけるヲ格名詞である「銃(を)」、「弓（を)」、「電話（を)」、「風呂（を)」は、「撃つ」、「射る」、「取る」、「沸かす」動作を行う時点で存在してはいるが、突き詰めて言えば、動作の実際の働きかけの対象ではない。(3-3)a と(3-3)b では、「銃（を)」、「弓（を)」は動作遂行の道具であると考えられよう。(3-3)c と(3-3)d では、「取る」、「沸かす」動作の実際の働きかけの対象は「電話」、「風呂」ではなく、「電話の受話器」、「風呂の水」となるだろう。そのようなヲ格名詞と動詞の意味関係はヲ$_1$と異なるため、ヲ$_2$で表記する。

さらに、「非既存の対象」は、ヲ$_1$、ヲ$_2$と異なり、ヲ格名詞が動作を行う時点では存在しておらず、動作の働きかけを受けて変成したものである。たとえば、次のようなものである。

(3-4)a おいしいミルククリームを作ってあげますから、隣のお部屋でお母さんが起きんしゃるまでちょっと待ちましょう。(2004『明日を探して』古閑雅之)

　　b この村の宿へ泊まった男たちが、『ここに工場を建てようかと思って、下調べに来た』と話したのです。(2004『その女の名は魔女』赤川次郎)

　　c 信長は、背後の脅威を除くため、まずは岡崎の松平元康、後の徳川家康と同盟を結んだ。(2005『茶々と信長』秋山

香乃)

d 私たちは笑うが、母は四、五食くらいさかのぼって食べたものを思い起こし、その中から腹痛を起こした容疑者を見つけ出し断罪する。(2000『蕨の家——上野英信と晴子』上野朱)

(3-4)a～(3-4)d の下線部におけるヲ格名詞である「ミルククリーム（を)」、「工場（を)」、「同盟（を)」、「腹痛（を)」は、「作る」、「建てる」、「結ぶ」、「起こす」という動作を行った時点においては存在していないものである。「作る」、「建てる」、「結ぶ」、「起こす」の動作を行った後の時点で、働きかけ作用を受けて変成した結果産物であるといえよう。そのようなヲ格名詞と動詞との意味関係はヲ$_3$と表記する。

このように、先行研究の「対象」を、「既存の真の対象」、「既存の偽の対象」、「非既存の対象」とに分けることができる。このような下位分類をしたのは、後の章でわかるように、「既存の偽の対象」、「非既存の対象」と「既存の真の対象」との間に拡張関係がなされているからである。

一方、「場所」に関し、菅井（1998)、森山（2005)（2008）は岡（2005)（2007）と同様に、「起点」、「経路」といったような下位意味項を挙げている。ところが、その内実は異なる。菅井と森山では、ヲ格名詞の意味役割の拡張関係を分析する際、「経路」、「起点」ではなく、「場所」そのものが他の意味役割と拡張関係を成していると主張しているのに対し、岡は、「場所」ではなく、「経路」が「起点」、「時間」などの他の意味役割と拡張関係をなすと提唱している。

本研究は、菅井、森山、岡の分類にある「場所」を「対象」と並列な関係ではなく、「対象」の下位意味項の一つとし、その本質は「主体移動動作の働きかけの空間的対象」であると主張する。そのため、ヲ格名詞のいわゆる「場所」の意味役割を「空間的対象」と称する。さらに「空間的対象」に下位意味項を設けたい。これらの内容について、ここでの論述を省き、第 7 章に譲ることにする。

さらに、従来「時間」とされてきたヲ格名詞の意味役割もその本質は「主体移動動作の働きかけの時間的対象」であると考えられ、「時間」を「時間的対象」と呼ぶことにする。そのため、本研究ではヲ格名詞の複数の意味役割に関して、表 3-3 に示すような分類のしかたを取る。

表 3-3

ヲ格名詞の意味役割	既存の真の対象	既存の偽の対象	非既存の対象	空間的対象	時間的対象	状況
ヲ格名詞と動詞の意味関係を表すヲの表記	$ヲ_1$	$ヲ_2$	$ヲ_3$	$ヲ_4$	$ヲ_5$	$ヲ_6$

本研究は、「既存の真の対象」、「既存の偽の対象」、「非既存の対象」、「空間的対象」、「時間的対象」、「状況」というヲ格名詞の 6 つの意味役割を対象に、ヲ格のプロトタイプを認定し、それぞれの拡張関係の検討を目的とする。

3.2　プロトタイプの認定

3.1 で示したように、ヲ格名詞には多種な意味役割が付与されている。プロトタイプ理論によれば、複数の意味全体を一つの意味カテゴリーと考えた場合、そのカテゴリーを構成する個々の成員、つまり個々の意味は、すべて同等の重要性を持つのではなく、プロトタイプ的意味からメタファー、メトニミーなどを動機付けとして、周辺的意味へと拡張したものとなる。とすれば、複数の意味の中で、どの意味をプロトタイプ的意味とすればよいかということを明らかにしなければならなくなる。それについては、これから検討する。

本研究は共時的な視点から格助詞ヲの研究をするため、共時的な視点でヲ格のプロトタイプを認定する。つまり現在使用しているヲ格の典型的な事例をプロトタイプと見なすことにする。

吉村（2004）は、プロトタイプと周辺的成員の認定について、次のような実験や調査を提唱している。

1）多くの事例を挙げて「～らしさ」の程度を問う調査

2）「XはYである」[①]という質問に対する反応時間の測定

3）「Xの代表例は」という質問で即座に想起される事例の枚挙と順序の観察（P32）

たとえば、吉村は、Rosch の研究成果として次のような例を挙げている。鳥や家具の名前を50個ほど挙げて、それらが鳥や家具としてどれぐらい典型的と思うかの尺度（すなわち「～らしさの程度」）にしたがって7段階の評価をつけてもらう実験がある。次の表に示したのは1975年にアメリカの大学生を被験者にして行った調査の一部である。

① ここで言う「X」はカテゴリー、「Y」は事例である。

表 3-4[①]　鳥、家具のプロトタイプ調査

カテゴリ	ランク（1～5）	ランク（26～30）	ランク（51～55）
鳥	1 コマドリ	26 たか	51 ダチョウ
	2 スズメ	27 カラス	52 シジュウカラ
	3 アオカケス	28 ゴシキヒワ	53 エミュー
	4 ルリコマドリ	29 オウム	54 ペンギン
	5 カナリヤ	30 シギ	55 コウモリ
家具	1 椅子	26 ランプ	51 絵画
	2 ソファー	27 スツール	52 クローゼット
	3 カウチ（長椅子）	28 ひざ布団	53 花瓶
	4 テーブル	29 タンス	54 ファン
	5 安楽椅子	30 ピアノ	55 電話

（Rosch　1975　参照）

表 3-4 においては、ランク（1～5）は、鳥カテゴリーや家具カテゴリーのプロトタイプ成員であると考えられる。逆に、ランク（51～55）はその周辺成員と捉えることができる。このように、「①多くの事例を挙げて「～らしさ」の程度を問う調査」という方法を通し、鳥と家具のプロトタイプ認定を行ったのである。

吉村が挙げたプロトタイプの認定法を利用し、言語カテゴリーのプロトタイプ認定を行う先行研究としては、森山（2008）が挙げられる。森山（2008）は、日本語母語話者のヲを用いた例文の想起実験を行った。また、成人日本語母語話者のヲの使用頻度からもヲ格のプロトタイプを考察した。その結果は次の通りである。

表 3-5 は、東京の O 大学で学ぶ日本語母語話者 27 名を被

① 吉村（2004：32）より引用。

験者に、ヲが用いられている例文を思いつく順に5つ書いてもらった結果をまとめたものである。表7は、上村コーパスを用いて、成人日本語話者10名の発話に見られるヲの使用回数を集計したものである。

表 3-5[①]日本語母語話者のヲを用いた例文の想起実験の結果

	No.1[②]	No.2	No.3	No.4	No.5	合計
対格	27	27	24	24	25	127
場所格			3	2	2	7
状況格						0
時格				1		1
合計	27	27	27	27	27	135

表 3-6[③]　成人日本語母語話者のヲの使用頻度

	対格	場所格	状況格	時格
使用回数	223	5	1	1

表 3-5 から、想起実験による対格の列挙が圧倒的に多いことがうかがえた。また、表 3-6 からも、対格の使用頻度が場所格、状況格、時格をはるかに上回ることがわかった。このように、どちらの実験においても対格[④]がヲ格のプロトタイプであるという結果が出ている。

森山（2008）によるヲ格のプロトタイプの認定は対格、場所格、状況格、時格という四つ分類を前提にして行われたものである。本研究は、ヲ格名詞の意味役割を六つに分類して

① 森山（2008：96）より引用。
② ここでいう "No.1" とは、被験者が思い出した一番目のヲの用例である。
③ 森山（2008：97）より引用。
④ 森山（2008）における「対格」は本研究の「対象」に当たる点を注意されたい。

いるため、プロトタイプを認定するには新たな実験が必要となる。

そのため、本研究では、森山（2008）にならい、日本語母語話者のヲを用いた例文の想起実験を行った。表3-7は愛知県のO大学で学ぶ日本語母語話者35名を被験者に、ヲが用いられている例文を思いつく順に5つ書いてもらった結果をまとめたものである。

表3-7 日本語母語話者のヲを用いた例文の想起実験の結果①

	No.1	No.2	No.3	No.4	No.5	合計
既存の真の対象	28	26	32	30	29	145
既存の偽の対象	1	2	2	0	1	6
非既存の対象	1	2	0	3	3	9
空間的対象	4	5	1	2	2	14
時間的対象	1	0	0	0	0	1
状況	0	0	0	0	0	0
合計	35	35	35	35	35	175

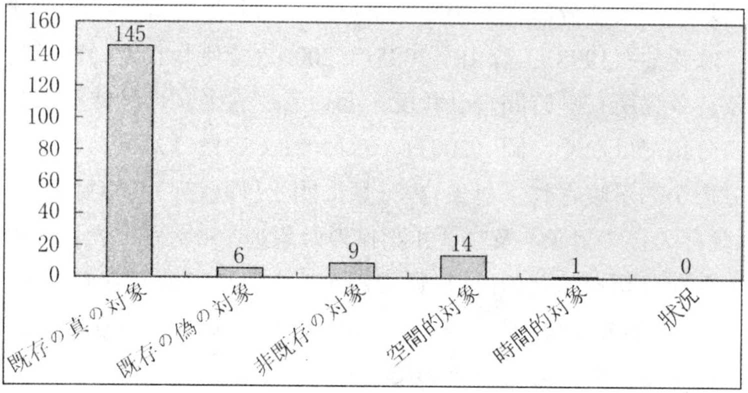

図3-1　日本語母語話者のヲを用いた例文の想起実験の結果

① 詳細は附録を参照されたい。

表 3-7 と図 3-1 からわかるように、日本語母語話者によるヲを用いた例文の中で、「既存の真の対象」の意味役割をするヲ格名詞が 145 例であることがうかがえた。それは全体の約 83%を占める。このように、アンケート調査を通し、「既存の真の対象」としてのヲ格名詞の意味役割が圧倒的に多く使用されていることから、本研究は「既存の真の対象」がヲ格のプロトタイプであると主張する。

以上述べたように、本研究では「既存の真の対象」はヲ格のプロトタイプであると認定する。

3.3 本章のまとめ

本章は籾山（2001）が提唱した多義語分析の四つの課題を取り上げ、その中の二つの課題に従い、ヲ格名詞の複数の意味役割の認定及びヲ格のプロトタイプの認定を行った。

一般に、格助詞がついた名詞の意味役割を判断する厳密な基準は与えられてはいない。どの範囲までの意味をどのような基準により分類するかは決まっているわけではない。本研究は菅井（1998）、森山（2005）（2008）で使われていた「対象」、「場所」、「時間」、「状況」というヲ格名詞の意味役割の四分類ではなく、岡（2007）で行われていた「対象」の下位分類から示唆され、「対象」の一類に関し、「既存の真の対象」、「既存の偽の対象」及び「非既存の対象」とに大別した。そのような分類をしたのは、後述でわかるように、「非既存の対象」、「既存の偽の対象」と「既存の真の対象」との間に拡張関係が存在すると考えられるためである。

また、ヲ格のプロトタイプの認定に関し、本研究は共時的な視点で考察を進めた。つまり、現在使用しているヲ格名詞の意味役割の中で一番典型的なものをプロトタイプとした。ヲ格名詞の意味役割における典型的なものを認定するため、吉村（2004）が提唱した実験や調査を取り上げた。先行研究では、森山(2008)はすでにそのよう実験を行っている。ただし、森山によるヲ格のプロトタイプの認定は「対象」、「場所」、「状況」、「時」という四つの分類を前提にして行われたものである。本研究は、ヲ格名詞の意味役割を六つに分類しているため、森山の実験の方法を取り入れ、再度日本語母語話者のヲを用いた例文の想起実験を行った。その結果として、「既存の真の対象」がヲ格のプロトタイプであるという本研究の立場を明示した。

第 4 章 「既存の真の対象」について

第 3 章ではヲ格のプロトタイプを「既存の真の対象」と認定した。この章では、プロトタイプである「既存の真の対象」についてより詳しく検討し、それに属する成員に共通する意味特徴を考察する。

4.1 プロトタイプ成員の共通的な意味特徴

本研究は、「既存の真の対象」というヲ格のプロトタイプにおいては、ヲ格名詞と述語動詞との間に、働きかけられと働きかけの意味関係が形成されていると考えている。ヲ格名詞は動作の働きかけを受ける対象であり、言語主体の認知では、一種の働きかけられとして捉えられる。その働きかけられは、ヲ格のプロトタイプである「既存の真の対象」の成員に共通する意味特徴として考えられる。働きかけられとは、ヲ格名詞が動作の働きかけを受けることである。働きかけられにはまた変化を有するものと変化を有していないものとに分けられる。ここでいう「変化」とは、ヲ格名詞の動作の働きかけを受ける前の状態と受けた後の状態に違いがあることを意味している。下記の（4-1）を見られたい。

(4-1) a 城壁を崩すにはいたらぬと思われますものの、抜け穴

を埋めたり井戸を涸らすことはあり得るかと。(1994『ドラキュラ公』篠田真由美)

b 傷害事件です。泊り客に、料理がまずいといわれて、ケンカになり、その客を殴って、負傷されてしまったんです。(2000『桜の下殺人事件』西村京太郎)

c「よし、いい呼吸になってきた。人工呼吸器を外そう」その言葉を聞いたときには、まさに天にものほど心地がした。(2004『十四年十回のがん手術を生き抜いて』植松文江)

d 管理事務所の時計を見ると午後一時半、いつかの間にか外は雨である。(1996『救急外来』江川晴)

(4-1)のうち、(4-1)a、(4-1)b におけるヲ格名詞である「城壁（を)」、「客（を)」は、「崩す」、「殴る」という動作から働きかけを受けて変化が生じたため、変化を有する働きかけられであると考えられる。それに対し、(4-1)c、(4-1)d の「言葉（を)」、「時計（を)」は、「聞く」、「見る」という動作から働きかけを受けても何の変化をも生じていないため、変化を有しない働きかけられであると捉えられる。

また、変化を有する働きかけられも、均一なものではなく、ヲ格名詞と動詞の意味特徴により、対象の完全的な内在変化、対象の非完全的な内在変化、対象の外在変化という三つの場合に分けることができる。次の(4-2)を見られたい。

(4-2)a 僕たちは気に入らない生徒の机や椅子を壊し、屋上で火を焚いた。(1990『叫び声』大江健三郎)

b 老人が夜間頻尿になるなども、すべて体内の余分な水分を捨てて体を温め、何とか病気を治そうとする反応と考えていい。(2003『体を温めると病気は必ず治る』石原結實)

c ボクは白人青年のクルマに荷物を移し、一人三五バーツで手を打った。(2000『アジアでくつろぐ』長崎快宏)

(4-2) a～(4-2) c のヲ格名詞はいずれも動作を行う時点で存在しており、動作から直接に働きかけを受けて、変化が起きたものである。しかし、それぞれの用例においては、変化のあり方に違いがあると考えられる。詳しく見ていくと、(4-2) a では、「壊す」という動作の働きかけにより、ヲ格名詞である「椅子（を）」に変化が起きている。このような変化は、「対象の全体的な変化」であると捉えられる。(4-2) b では、「温める」という動作の働きかけにより、ヲ格名詞である「体（を）」に温度変化が起きている。それは、「全体的な変化」に対し、「対象の非完全的な変化」といってよいであろう。(4-2) c では、「移す」という動作の働きかけにより、「荷物（を）」そのもの自身に変化はないが、「移す」動作の働きかけを受けて、「荷物（を）」に位置変化が起きていると考えられる。(4-2) a と (4-2) b における変化は、対象の内在変化であるのに対し、(4-2) c の「位置変化」は対象の外在変化であると考えられる。このように、「既存の真の対象」を表示するヲ格名詞は、動作の働きかけにより、完全的な内在変化を有する働きかけられ、非完全的な内在変化を有する働きかけられ、外在変化を有する働きかけられ、変化のない働きかけられという四つのタイプに分けることができる。

まとめると、次の図 4-1 に示す通りとなる。

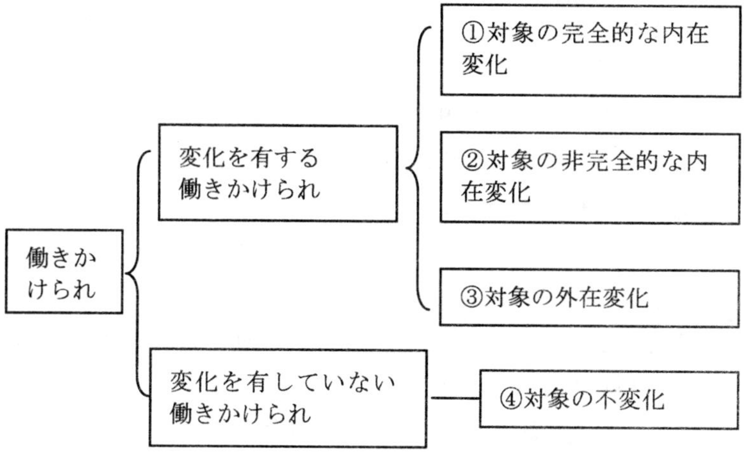

図 4-1

次節では、上述した「既存の真の対象」を表示するヲ格名詞の四つの働きかけられの諸相を具体的に見ていく。

4.2 「既存の真の対象」に見られる働きかけられの諸相[①]

前節では、「既存の真の対象」を表示するヲ格名詞の働きかけられとして、完全的な内在変化、非完全的な内在変化、外在変化、不変化という四つのタイプを挙げた。以下では、『日本語基本動詞用法辞典』におけるヲ格を共起させる 457 個の動詞を対象とし、それらと共起するヲ格名詞が上述した四つのタイプに該当するものを考察する。

具体的な分析に入る前に、次のように説明しておきたい。ヲ格名詞の働きかけられのタイプは、そのヲ格名詞の共起を要求する動詞の意味特性に大きく影響されている。もっとも、ヲ格名詞の働きかけられのタイプは、動詞の意味特性に完全

① この節の内容の一部は許慈恵・楊敬(2011a)より引用したものである。

に規定されきっているわけでもない。たとえば、同じ動詞でも、「ゴミを焼く」では、「ゴミ（を）」は「焼く」という動作の働きかけを受け、消滅的という完全的な内在変化を引き起こしたと考えられる。それに対し、「魚を焼く」なら、「魚（を）」は「焼く」動作の働きかけを受け、非完全的な内在変化を生じたと考えられる。すなわち、同一動詞でありながら、ヲ格を占める名詞によって、その働きかけられのタイプに違いが生じることがある。そのため、解釈上、動詞と特定の名詞との組み合わせを考慮に入れることが必要となる。表記上、「ゴミを焼く$_1$」、「魚を焼く$_2$」のように動詞の右下に数字をつけて区別する。また、動詞と共起するヲ格名詞は、具象物にせよ、抽象物にせよ、動詞の意味特性により与えられている働きかけられが同様であると捉えられる。たとえば、「争う」の場合を見てみよう。「優勝を争う」と「財産を争う」では、「優勝（を）」は抽象物であるのに対し、「財産（を）」は具象物である。しかし、「争う」という動作の働きかけを受け、「優勝（を）」にしても「財産（を）」にしても、変化が生じていない点においては同じであり、したがって、「優勝を争う」と「財産を争う」における「優勝（を）」と「財産（を）」の働きかけられのタイプは同様であると考えられる。

以下、ヲ格名詞の働きかけられの諸相を見ていこう。

4.2.1　対象の完全的な内在変化

対象の完全的内在変化とは、対象は動作の働きかけにより、完全的な内在変化を引き起こしているということである。完全的な内在変化を生じた既存の真の対象と動作との意味関係をヲ$_1$の下位意味項とし、ヲ$_{1-1}$によって表記する。そのような既存の真の対象と組み合わせる動詞は、消滅や破壊の意味が含まれることが特徴となる。たとえば、下記の用例では、ヲ格名詞を共起させる時、(4−3) a〜(4−3) j における動詞は、消滅の意味を表し、(4−3) k〜(4−3) p の動詞は、破壊の意味を表している。

(4-3) a「それから、畑中さんについても、僕が彼女を殺したという証拠があれば、見せてもらいましょう」(1991『横浜・長崎殺人ライン』深谷忠記)

b 頭を打つかどうかして、記憶をなくしてしまったのだろうかと思いながら、彼は返事した。(1995『魔性の町』眉村卓)

c 食事をしようとしますと、どこからかふいにひどい風が吹いて来て、ランプやろうそくの火を消してしまいます。(1990『豊島与志雄童話集』豊島与志雄)

d 僕はあらゆる書物を焼いてしまいたかった。母の楽園。三言葉、三色旗、三拍子。(2000『ボトマック』ジャン・コクトー)

e もとより、反撃を躊躇すれば、こちらが命を失いかねない形勢だった。(2001『二人のガスコン』佐藤賢一)

f しばしば風呂を沸かし、薪を燃やしておれば、「谷前の後家は栄耀ばっかりしゆう」と悪評がたつ。(1994『椿と花水木』津本陽)

g 調査も神経を使われるでしょうから、今夜はゆったり温泉に浸かってお疲れを取ってもらわねば。(2001『人妻秘書』龍島穣)

h 私は彼の誤解を解いてから、本来の用件を話した。(2002『死者の長い列』ローレンス・ブロック/田口俊樹)

i 実は以前にこの奴隷はライオンの病気を治してやったことがあって…(2004『風の組曲』阿刀田高)

j そして内側から戸を締めると火を放ち、切腹して自らの命を断った。(2000『関東郡代の終焉』九野啓祐)

k それからそのとき使った紙は美智子のもので、美智子の帳面の紙を破って使ったものです。(1976『狭山裁判』野間宏)

l 不要の布を裂いて緯に織り込むものでありますが、これも色と模様とさえよかったら、見間違えるほどの効果がある。(2000『手仕事の日本』柳宗悦)

m 子供のときは本当にいろいろな機械を壊して中を覗いた。そして、見てわかるものがそこにあった。(2001『森博嗣のミステリィ工作室』森博嗣)

n ちょうどそれまで増改築を繰り返し庭を潰した平屋を二階家に建て替えることになり、芝生の庭を作ろうという話になったときのこと。(2003『逃避行』篠田節子)

o 結局、消防車が出動して、窓ガラスを割って部屋に入った。(1993『盲目のピアニスト』内田康夫)

p 手を叩きながら明るい声で笑い出すと、マルティナもアンヘレスも緊張が解けて、ホット姿勢を崩した。(1994『修道女マリコ』久美沙織)

(4-3)a～(4-3)j の下線部に書かれている動詞「殺す」、「なくす」、「消す」、「焼く」、「失う」、「燃やす」、「取る」、「解く」、「治す」、「断つ」は、ヲ格名詞との組み合わせにより、共に消滅の意味を表す動詞である。このような動詞の働きかけを受けた結果、ヲ格名詞である「彼女（を)」、「記憶（を)」、「火(を)」、「書物（を)」、「命（を)」、「薪（を)」、「疲れ（を)」、「誤解（を)」、「病気（を)」、「命（を)」は、「有」から「無」への変化が引き起こされている。『日本語基本動詞用法辞典』

におけるヲ格を共起させる 457 個の動詞の中で、消滅の意味を有する動詞は、(4-3) a～(4-3) j に挙げている「殺す」、「なくす」、「消す」、「(書物を) 焼く $_1$」、「失う」、「(薪を) 燃やす $_1$」、「(疲れを) 取る $_1$」、「(誤解を) 解く $_1$」、「(病気を) 治す」、「(命を) 断つ」という 10 個の他に、「(縁を) 切る $_1$」、「(酒の酔いを) 醒ます」、「(石炭を) 焚く」、「(会社を) 潰す」、「(鼻血を) 止める $_1$」、「(テレビの故障を) 直す $_1$」、「(チャンスを) 逃がす $_1$」、「(心のもやもやを) 払う $_1$」、「(下水の水を) 干す $_1$」、「(練習を) 中止する」、「(霧を) 散らす $_1$」という 11 個を挙げることができる。

また、(4-3) k～(4-3) p の下線部における「破る」、「裂く」、「壊す」、「潰す」、「割る」、「崩す」は、破壊の意味が含まれる動詞であり、ヲ格名詞である「紙 (を)」、「布 (を)」、「機械 (を)」、「庭 (を)」、「窓ガラス (を)」、「姿勢 (を)」はそのような動詞の働きかけを受け、変化が引き起こされている。(4-3) p における「姿勢 (を)」は抽象物でありながら、変化性は (4-3) k～(4-3) o のような具象物と同じであることは前にも触れたが、その意味では、(4-3) p におけるヲ格名詞の働きかけられのタイプは、(4-3) k～(4-3) o と同じであるとみなすことができる。ただし、破壊されたもの自体はまだ存在している点で、消滅の意味を有する動詞と共起するものとは異なっている。なお、破壊の意味を有する動詞も、調べた限りでは、(4-3) k～(4-3) p に挙げる「破る」、「裂く」、「壊す」、「潰す」、「割る」、「崩す」といった 6 つで、少数であることがわかった。

4. 2. 2　対象の非完全的な内在変化

動詞の働きかけにより、対象は、多かれ少なかれなんらかの変化を引き起こしている。このような変化を、4.2.1 に対応して、非完全的な内在変化と名づけることにする。非完全的な内在変化を生じた既存の真の対象と動作との意味関係はヲ$_{1-2}$によって表記する。例えば、次のような例文がある。

(4-4)a 宴はたけなわとなり、興奮に顔を染めた会員たちが、「その人」と共にある今日一日を楽しんでいる。(1985『ああ人間山脈』松山善三)

b 両親はできる限り部屋を片付けてから家主のもとを再び訪れ、「ともかく今月分と来月分の家賃をお支払いいたします。」(2003『探偵手帳』藤井弘司)

c 節約生活四日目お風呂上がりにドライヤーで髪を乾かし、ちょっと寒くなったのでエアコンを入れました。(2000『いきなり!黄金伝説。超節約レシピ 50』テレビ朝日コンテンツ事業部)

d その曲は、ダニーが熱いお湯を張ったバスタブに自分を入れて、そっと体を洗ってくれた夜に、あのアパートで口ずさんでいたものだった。(2005『悪魔の赤毛』ディヴィッド・コーベット)

e 矢吹がゲラゲラ笑いながら、陽気に田村の肩を揉んでふざけた。(1999『天皇ごっこ』見沢知廉)

f 河合によると、万一悦子が「心中」に同意しないときは、用意していた溶岩で頭を殴って気絶させ、岩場から投げ捨てて飛び降り自殺したように見せかけるつもりだった。(1989『指宿・桜島殺人ライン』深谷忠記)

g また、「果物が食べられる」と喜び勇んで、苦しくもないのに果物を食べる人がいますが、果物を食べ過ぎますと、残念ながらそれは断食にはなりません。(2005『診断革命』新城三六)

h 竹を切る者は鉈を手にして裏山へ、飾りの色紙を折って鋏で細工する者、香典返しの包みに会葬の礼状の封筒を入れる者。(2005『こぶしの上のダルマ』南木佳士)

i 悦子は雨傘を畳んで、雨滴を切っていた。(2002『贋世捨人』車谷長吉)

j 仕事の手が空くと母親がおでんを作ってくれたり、てんぷらを揚げてくれたりもしたけれど……(1996『店の流儀、客の心得』山本益博)

(4-4)aでは、ヲ格名詞「顔(を)」は、「染める」という動作の働きかけにより色変化を起こしたのに対し、(4-4)bでは、「部屋(を)」は「片付ける」という動作の働きかけにより、散らかした状態からきれいな状態になったという状態変化が生じた。また、(4-4)cでは、「髪(を)」は、「乾かす」という動作の働きかけにより、湿った状態から干された状態へと変わっている。さらに、(4-4)dでは、「洗う」という動作の働きかけにより、「体(を)」が汚い状態からきれいな状態になっている。(4-4)eにおいては、「揉む」動作の働きかけにより、「肩(を)」が痛んでいる状態から痛んでいない状態へと変化している。同様に、(4-4)fの「頭(を)」は、「殴る」動作の働きかけにより、「痛くない」状態から「痛い」状態に変わっている。(4-4)gにおける「食べる」は、普通、対象に変化をもたらす動詞としては扱われていないが、ここでは、ヲ格名詞である「果物(を)」は、食べる前に整っている形をしているのに対し、食べた後は、胃袋の中において分解された状態で存在していると考えられるため、状態変化が生じたと言えよう。(4-4)hにおける「色紙(を)」も「折る」という動作の働きかけによりなんらかの形変化が生じたと考えられる。(4-4) i では、「雨傘（を）」は「畳む」動作の働きかけにより、差されている状態から畳まれている状態へと変化している。(4-4) j では、「てんぷら（を）」は「揚げる」動作により温度、色、形の面においてなんらかの変化が生じたと考えられる。

このように、(4-4) a～(4-4) j においては、対象に起きている変化は非完全的であることがわかった。この類の対象と組み合わせる動詞は、『日本語基本動詞用法辞典』におけるヲ格を共起させる 457 個の動詞を調べた結果、(4-4) a～(4-4) j に列挙される 10 個のほかに、「(目を) 開く」、「(スピードを) 上げる$_1$」、「(法律を) 改める」、「(腹部を) 押す」、「(大根を) 下ろす$_1$」、「(姿を) 隠す」、「(内閣を) 固める」、「(指を) 噛む」、「(首を) 絞める」、「(足を) 縮める」、「(金額を) 訂正する」、「(包みを) 広げる」、「(ポスターを) 巻く」、「(卵を) 混ぜる」、「(靴を) 磨く」、「(汚れた海をもとに) 戻す$_1$」、「(魚を) 焼く$_2$」、「(タイを刺身に) 作る$_1$」、「(部屋を) 飾る」、「(テープを) 切る」、「(目を) 化粧する」、「(ねじを) 締める」、「(温度を) 下げる$_1$」、「(鍋を) 擦る」、「(鉛筆を削る)」、「(ミルクを) 冷ます」、「(時計を) 修理する」、「(野菜を) ゆでる」、「(髪を) 断つ$_2$」、「(患者を) 手術する」、「(明かりを) つける$_1$」、「(卵を) 溶く」、「(曲がったネクタイを) 直す$_2$」、「(にんじんを) 煮る」、「(髪の毛を) 濡らす」、「(車を) 塗る$_1$」、「(部屋を) 掃く$_1$」、「(ビールを) 冷やす」、「(ジャガイモを) 剥く」、「(ネクタイを) 結ぶ$_2$」、「(緊張を) 緩める」、「(野菜を) 料理する」、「(空気を) 汚す」、「(火を) 弱める」、「(事実を) 曲げる」、「(食器を) 拭く」、「(腹部を) 開く$_1$」、「(ひげを) 生やす」、「(タオルを) ねじる」、「(傷口を) 縫う」、「(体を) 休める」、「(山を) 燃やす$_2$」、「(本を) 閉じる」、「(家具を）傷める」、「（ボールを）打つ$_1$」、「（髪型を）変える」、「（傘を）差す」、「（窓を）たたく」、「（シャツを）洗濯する」という 60 個程を挙げることができる。

4.2.3　対象の外在変化

対象は動詞の働きかけにより変化が起きたものの、4.2.1、4.2.2 の内在変化と異なり、この類の変化は、外在的なものであると考えられる。外在変化を生じた既存の真の対象と動作の意味関係はヲ$_{1-3}$によって表記する。それと組み合わせられる動詞は「動く」という意味を有することが特徴である。たとえば、次の用例である。

(4-5) a フランチェスがコーヒーを運んできてそれぞれの前に置き、静かにドアを閉めて出て行った。（2002『孤独を抱きしめて』夏木さやか）

b さすがに、鯖寿司を前にして手が伸びなかった。包装紙を元に戻して、座席を倒すと、小さなあくびを漏らしていた。（2005『この胸いっぱいの愛を』梶尾真治）

c また、野球のボールを投げる場合や消しゴムを落とす場合などに対応しました。（2001『物理が苦手になる前に』竹内淳）

d 祐美子とデートする時はいつも結婚指輪を外しているし、二人のプライベートな情報は翔楽の客には誰にも話したことがないのだ。（2002『美虐——綺羅光官能作品集』綺羅光）

e 角のすっかり丸くなったガラスの破片、白や緑、時には縞の入ったすべっこい小石を拾っては、飽かずそれを眺めていました。（1994『文章の書き方』辰濃和男）

f 彼の消息を知りたいという気持ちは日に日に強まり、

一九六四年夏のある日、二通目の手紙を出した。(2003『王国のゴルフ』マイケル・マーフィー/山本光伸)

g けれども、いまや信長は京に旗を立て、事実上の天下人の勢いである。(2001『前田利家——長編歴史小説』戸部新十郎)

h そこで、今マイブームとして、いつも切手を貼った封筒と便箋と万年筆を持ち歩き……(2003『象と耳鳴り——推理小説』恩田陸)

i さて山頂にたどりつくとルネは車輌から全員を降ろし、さきほどとおなじく操縦席にベレッタの銃口をむけて機器を破壊した。(1997『海豚座に捧ぐ百一発の砲声』真木健一)

j 女の子は、文房具を散らかして書いていた紙切れをそっと隠しました。(2004『モード』クリスティーナ・ロセッティ/上村盛人)

(4-5)a では、下線部のヲ格名詞「コーヒー（を)」は、「運ぶ」動作の働きかけにより、もとのところから他のところへと位置変化が生じていると考えられる。(4-5)b では、「座席(を)」は、「倒す」動作により、立っている状態から倒された状態へと変化している。(4-5)c では、「ボール（を)」は、「投げる」動作の働きかけにより、投げた人のところから、別のところへと位置が変わっている。(4-5)d においては、「外す」という動作の働きかけにより、「結婚指輪（を)」は、動作主の手から他のところへと、(4-5)e～(4-5)f と同様に、位置変化が生じたと考えられる。(4-5)e においては、「小石（を)」は、「拾う」という動作の働きかけにより、他の置き場から動作主のところへと移動している。このように、居場所が変わっている。(4-5)f も同様に、「出す」という動作の働きかけにより、「手紙（を）」は、書き手から宛て先へと位置変化が生じた。(4-5)g～(4-5)j においても、同様に動作の働きかけにより、ヲ格名詞は位置変化あるいは外在変化が生じたと考えられる。以上のような変化においては、働きかけの対象としての「コーヒー（を）」、「座席（を）」、「ボール（を）」、「結婚指輪（を）」、「小石（を）」、「手紙（を）」、「旗（を）」、「切手（を）」、「全員（を）」、「文房具（を）」そのものには変化が生じていない。「運ぶ」ことによりコーヒーが溢れたり、「倒す」ことにより座席が壊れたり、「投げる」ことによりボールが破れたり、「外す」ことによりスーツの色が褪せたり、「拾う」ことにより小石が汚れたり、「出す」ことにより、手紙がしわになったり、「立てる$_1$」ことにより、「旗」が折れたり、「貼る」ことにより「切手」がぬるぬるになったり、「降ろす」ことにより、「全員」が怪我をしたり、「散らかす」ことにより、「文房具」が破れたりするかもしれないが、それらの変化は対象の内在変化であると捉えられ、「運ぶ」、「倒す」、「殴る」、「外す」、「拾う」、「出す」、「立てる」、「貼る」、「降ろす」、「散らかす」といった動詞の意味射程には入っていない。そのような変化は 4.2.1～4.2.2 におけるヲ格名詞の内在変化と違い、外在変化であると考えられている。『日本語基本動詞用法辞典』におけるヲ格を共起させる 457 個の動詞を調べた結果、それと共起するものは、上記において列挙したもの以外に、「(冷蔵庫を)開ける」、「(足を)組む」、「(髪を)縛る」、「(席を)つめる」、「(お菓子を)包む」、「(荷物をテーブルの上に)上げる$_1$」、「(お金を) 与える」、「(体温計を) 当てる$_1$」、「(客を) 集める」、「(息子を一流企業に) 入れる」、「(苗を) 植える」、「(熱気球を) 浮かべる$_1$」、「(ボールを) 打つ$_2$」、「(花瓶を) 動かす」、「(植木鉢を) 移す」、「(受話器を) 奪う」、「(社員を秘書に)

置く」、「(私を) 押す」、「(本を) 返す」、「(友人を) 送る」、「(木を) 起こす$_1$」、「(汚れを) 落とす」、「(車を) 帰す」、「(迷惑を) かける」、「(帽子を) かぶる」、「(服を) 着せる」、「(プリントを) 配る」、「(ボールを) 蹴る」、「(ボールを) 転ばす」、「(頭を) 下げる」、「(花瓶に水を) 差す$_2$」、「(ジュースを) 吸う」、「(水を) 掬う」、「(子供を学校に) 進める」、「(紙くずを) 捨てる」、「(ペンを) 取る$_2$」、「(ひげを) 剃る」、「(お金を) 貯める」、「(気持ちを) 伝える」、「(糸を) 通す$_1$」、「(ペンキを) 塗る$_2$」、「(品物を) 届ける」、「(帽子を) 飛ばす$_1$」、「(水を) 流す」、「(靴紐を) 結ぶ$_1$」「(製品を) 並べる」、「(栓を) 抜く$_1$」、「(書類を) 盗む」、「(落葉を) 掃く$_2$」「(品物を) 戻す$_2$」、「(子供を馬に) 乗せる」、「(靴を) 履く」、「(席を) 離す」、「(セミを庭に) 放す$_1$」、「(塵を) 払う$_2$」「(椅子を) 引く$_1$」、「(壁に頭を) ぶつける」、「(手を) 振る$_1$」、「(土を) 掘る$_1$」、「(首を) 回す」、「(車を) 寄せる」、「(手紙を) 渡す」、「(コートを) 脱ぐ」、「(衝撃を) 受ける」、「(本を) 貸す」、「(お金を) 借りる」、「(犯人を) 逃がす」、「(髪を)下ろす$_2$」という70個程を挙げることができる。

4.2.4 対象の不変化

動作の働きかけを受け、対象には何の変化も生じていない。そのような既存の真の対象と動作の意味関係はヲ$_{1-4}$によって表記する。不変化の対象と組み合わされる動詞が有する意味は、多種多様であり、特徴づけることはできないようである。たとえば、

(4-6)a 空色の絨毯を踏んで、客たちに何百万もする<u>宝石を見せている</u>ときの、絵そらごとというか、うわのそらのような世界が一瞬にかき消え…(1989『薔薇の雨』田辺聖子)

b いま未亡人は七十二歳ですが、はじめて私が彼女を訪ねたときは、六十二でしたから、ちょうど十年のお付き合いになります。(1995『償いは済んでいる』上坂冬子)

c 日本人にとっても、誰かの家を訪れることは、まずそうして許可を得てから敷地に入ることを意味する。(2003『愛を笑いとばす女たち』坂東真砂子)

d 石やカップのように手にとってみることができる具体的なものならこのような問題を考える必要はない。(2005『対角線上の悪魔』垣田正昭)

e 森島の真意は一私の安全を心配して、彼らの要求を入れるように一と、伝えたかったのだ。(1994『ダービーを盗んだ男』狩野陽一)

f 頼朝は、ややしばしその地を歩き回り、亡き父を偲んだ。(2004『義経の征旗』中津文彦)

g 足利から連れて来た遊女を嫌ったような男だから、(1978『新田義貞(上巻)』新田次郎)

h 伸一は、日達法主の体調を心配し、すぐに便を変更するよう、同行の幹部に頼んだ。(1998『新・人間革命(第3巻)』池田大作)

i 幼い頃から彼に剣を教え、必ず殿下と敬称で呼んだ師は、折に触れアレクシードに言い聞かせたものだった。(2004『アダルシャンの花嫁』雨川恵)

j 謠子さんのお話では、犯人は謠子さんの足音を聞いて、ひどくあわてて逃げだしたと申しますから……(2005『陰獣』江戸川乱歩)

k 滋賀県警に協力してもらって、甲賀にある被害者の部屋を調べました。(2002『五十の殺意幽霊事件』風見潤)

l 自分から化粧台を漁って、似合いそうな真珠のネック

レスを探してくれた。(1984『恋文』連城三紀彦)

m それで、わたしがよく知っているセックスセラピストの先生を紹介してあげると言っておいたのだけど。(2002『愛宴の人妻』北沢拓也)

n エンジンブレーキを使ってばかりで、ガソリンが早くなくなるんじゃないのかな。(1994『不良の木』北方謙三)

o 渋谷駅のコインロッカーにスーツケースを預けると、二人は買い物を楽しんだ。(2002『美姉妹狩り』風間九郎)

p うちの専務が会社を代表して話を聞いたんだ。(1992『人形たちの椅子』赤川次郎)

q「あつかましいお願いなんですけど、ぼくを推薦してもらえないかと思って」と言った。(2000『睡蓮の長いまどろみ(上)』宮本輝)

r こんな形で君をだましたことは申し訳ないが、それには相応の理由があることもわかってほしい。(2004『閉ざされた過去』秋元由紀子)

s 彼が私に好意を示して誘ってくれたとき、すっかり舞い上がってしまったわ。(2003『シンデレラになる資格』仁嶋いずる)

t 学問を続けるためには、金がなくては駄目だということを思い知ったからだ。(2002『父から息子へ』小山勝清)

(4-6)a〜(4-6)t におけるヲ格名詞は、動作の働きかけを受けて何の変化をも生じさせていないという点において同じである。(4-6)a では、「宝石(を)」は、「見せる」動作により汚れたり、(4-6)b では、「彼女(を)」は「訪ねる」ことにより楽しくなったり、(4-6)c では、「家(を)」は、「訪れる」ことにより賑やかになったりするかもしれないが、4.2.3 と同様、それらの変化は、動詞「見せる」、「訪ねる」、「訪れる」の意味射程には入っていないと考えられる。(4-6)d～(4-6)t におけるヲ格名詞は押しなべて動作の働きかけを受けて何の変化も起きていないと捉えられる。

そのような不変化の対象を共起させる動詞は、『日本語基本動詞用法辞典』におけるヲと共起する 457 個の動詞で半数強を占める。調べた限り、「(山を)愛する」、「(夢を)抱く」、「(手を) 握る」、「(映画を) 見る」、「(子供を) 産む」、「(日本語を)覚える」、「(においを) 嗅ぐ」、「(寒さを) 感じる」、「(戦争を)経験する」、「(景色を)眺める」、「(獲物を) あきらめる」、「(彼の死を) 悼む」、「(願いを) 祈る」、「(結婚を) 祝う」、「(組織を) 疑う」、「(失敗を) 恐れる」、「(痛さを) 我慢する、「(離婚を) 後悔する」、「(未来を) 想像する」、「(人柄を) 尊敬する」、「(友人を)憎む」、「(幸せを)望む」、「(彼女を)ほめる」、「(失敗を) 謝る」、「(気持ちを) 表す」、「(客を) 案内する」、「(赤は止まれを) 意味する」、「(不満を) 訴える」、「(意見を)うかがう」、「(出席を) 取る $_2$」、「(仕事を) 終える」、「(犬を)飼う」、「(問題を) 考える」、「(新卒者を) 歓迎する」、「(進学を) 希望する」、「(社員を) 教育する」、「(台詞を) 繰り返す」、「(結婚を) 決心する」、「(文学を) 研究する」、「(荷物を) 検査する」、「(相撲を) 見物する」、「(時間を) はかる」、「(ハンドルを) 放す $_2$」、「(機会を) 待つ」、「(父を) 迎える」、「(結果を) 予想する」、「(歌の途中を) 飛ばす $_2$」、「(フランス語を) 習う」、「(予算案を) 通す $_2$」、「(洗濯物を) 干す $_2$」、「(不平を) 鳴らす」、「(ウサギを) 抜く $_2$」、「(遺産を) 残す」、「(言葉を) 誤解する」、「(時間を) 割く $_2$」、「(送金を) 催促する」、「(影響力を) 持つ」、「(異常を) 認める」、「(安全を) 守る」、「(彼を) 振る $_2$」「(学生を) 指導する」、「(友人を) 招待する」、

「(ニュースを) 知らせる」、「(キリスト教を) 信仰する」、「(友人を) 信ずる」、「(妻を) 信用する」、「(容疑者を) 責める」、「(幼い弟を) 世話する」、「(対策を) 相談する」、「(思い出を) 記す」、「助ける、頼む、試す、貯める、「(喫煙を) 注意する」、「(天井を) 注文する」、貯金する、「(お金を) 使う」、「(家柄を) 比較する」、「(数学を) 勉強する」、「(結果を) 報告する」、「(商品を) 売る」、「(学位を) 得る」、「(車を) 買う」、「(小説を) 出版する」、「(摩擦を) 避ける」、「(若者を) 誘う」、「(遭難者を) 助ける」、「(クイズの答え) を当てる$_2$」「(才能を) 証明する」、「(仕事を) 手伝う」、「(婦人服を) 扱う」、「(優勝を) 争う」、「(子供を) 招く$_1$」、「(才能を) 生かす」、「(黒板の図を) 写す」、「(人を) 驚かす」、「(意味を) 解釈する」、「(テーブルを) 囲む」、「(失敗を) 重ねる」、「(夢を) 実現する」、「(勉強を) 始める」、「(希望者を) 募集する」、「(人材を) 求める」、「(果物を) 輸出する」、「(約束を) 忘れる」、「(彼を) 笑う」と 250 以上もあることがわかった。

以上、「既存の真の対象」を表示するヲ格名詞に関し、その働きかけられの四つのタイプを考察した。ここで指摘しなければならないのは、「既存の真の対象」においては、動作の働きかけを受けて、変化が起きようと起きまいと、また変化の度合には差異があるにしてもないにしても、言語主体の認知では、ヲ格名詞と述語動詞との働きかけられと働きかけの意味関係には変わりがない、すなわちヲ格名詞が押しなべて一種の働きかけられとして捉えられることには変わりがないということである。

4.3　本章のまとめ

本章では、ヲ格のプロトタイプである「既存の真の対象」に属する成員を考察した。「既存の真の対象」の意味役割では、言語主体の認知では、ヲ格名詞と述語動詞との間に働きかけられと働きかけの意味関係が形成されており、ヲ格名詞は押しなべて一種の働きかけられであると捉えられる。ヲ格名詞の働きかけられもさまざまなあり方がある。それは、対象の完全的な内在変化、対象の非完全的な内在変化、対象の外在変化、対象の不変化という四つのあり方に分けられる。ヲ格名詞が多様なあり方を呈するのは、動詞とヲ格名詞の意味特性によるものであると考えられる。変化のあるものにしても、変化のないものにしても、言語主体の認知では一種の働きかけられとして捉えられることは同様である。それは次の図 4-2 にまとめることができる。

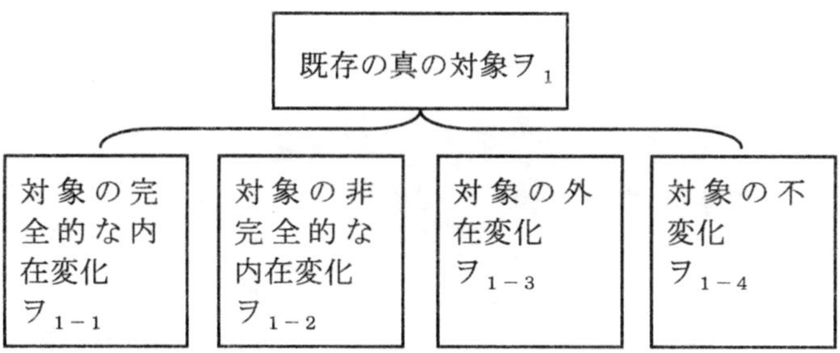

図 4-2

上の図は、ヲ$_{1}$は既存の真の対象と動作との働きかけられと働きかけの意味関係を表示している。ヲ$_{1-1}$は完全的な内在変化を引き起こした対象と動作との働きかけられと働きかけの意味関係を表示する。ヲ$_{1-2}$、ヲ$_{1-3}$、ヲ$_{1-4}$はそれぞれ完全的な内在変化を引き起こした対象、非完全的内在変化を引き起こした対象、外在変化を引き起こした対象、変化を引き起こしていない対象と動作との働きかけられと働きかけの意味関係を表示する。

こうして見ると、「既存の真の対象」に属するヲ格名詞は動作の働きかけを受けて変化のいかんに関わらず、また、変化が起きた場合、変化の度合いが高いものであるにせよ、低いものであるにせよ、動詞との間に成された働きかけられと働きかけの意味関係には変わりがないことが見て取れる。そのため、皆ヲで表示されることが可能になるわけである。

第 5 章　「既存の偽の対象」について

第 3 章では、ヲ格名詞の意味役割では、ヲ格名詞は動作を行う時点で存在しているにもかかわらず、動作の実際の働きかけの対象ではないものを「既存の偽の対象」と呼び、既存の偽の対象と動作との意味関係はヲ$_1$と異なり、ヲ$_2$によって表されることを述べた。その「既存の偽の対象」はまたいわゆる省略表現と動作遂行の道具という二つに分けることができる。本章では、その二種の「既存の偽の対象」について検討し、「既存の偽の対象」がメトニミーによりヲ格のプロトタイプである「既存の真の対象」から拡張される認知的なプロセスを考察する。

具体的な分析に入る前に、まずメトニミーとは何かを見ていこう。

5.1　メトニミー

山梨（1995）は、メトニミーに関して、次のように述べている。

日常言語の表現のなかには、伝えようとする意味のすべてを言葉にしているのではなく、その一部にフォーカスを当てその部分だけを表現し、他の部分は文脈や背景的な知識によって補完していく簡略的な表現が広範に見られる。（中略）この種の簡略的な表現のかなりの部分は慣用化している。この種の慣用的な表現のうち、近接性関係の認知に基づく慣用表現は一般にメトニミーと呼ばれている。（P30　下線部は筆者より）

下線部からメトニミーの発生は近接性関係の認知に基づくことがわかる。山梨（1995）は、その近接性関係として、「容器—中身」、「主体—付属物」、「主体—手段」、「作者—作品」、「材料—製品」などの具体例を取り上げている。このような近接性関係によるつながりを、メトニミーリンクと規定した。そして、慣用的なメトニミーの典型例は、次の表 5-1 に挙げられる通りである。

表 5-1[①]：メトニミーの典型例

①容器—中身のリンク	どんぶりを平らげる
②主体—付属物のリンク	駅の赤帽が荷物を運ぶ
③主体—手段のリンク	白バイがやってくる
④作者—作品のリンク	漱石を好んで読む
⑤材料—製品のリンク	アルコールを飲む

この表から次のようなことがわかる。①の「どんぶりを平らげる」では、文字通りどんぶりそのものを平らげるのではなく、「どんぶりに入れてある食物などを平らげる」という意味であるが、ここでは、「どんぶり」が一種の容器、その中にある食物が容器の中身であると見なされるとすれば、「どんぶり」と「食物」の間には容器と中身のリンクが成立し、言語主体の概念世界では「どんぶり（の中にある食物）を平らげる」と「どんぶりを平らげる」との間にメトニミーという認

① 山梨（1995：30）より引用。

知的なメカニズムが働いていると考えて良いであろう。同じように、②、③の「赤帽」、「白バイ」は、慣用的にそれぞれ「赤帽（をかぶる人)」、「白バイ（に乗っている人)」を意味する。それらは主体・付属物、主体・手段という近接性関係に基づくメトニミーの表現である。また③の「漱石を好んで読む」では、「漱石」という人を読むというふうに理解されることはないであろう。「漱石」と「(漱石の）著作」の間に、作者と作品というリンクがあり、「漱石を好んで読む」は「漱石(の著作）を好んで読む」から来るメトニミーの表現であると考えられる。⑤の「アルコールを飲む」についても同じような説明ができる。このように、言語主体の概念世界には、二つの対象の間に近接性関係が形成されているため、メトニミーが発生したわけである。

以上はメトニミー発生の基礎ともなる近接性関係についての山梨（1995）の論述をまとめたものである。これから、「既存の偽の対象」に属するいわゆる省略表現と動作遂行の道具に関し、メトニミーより「既存の真の対象」から拡張されるプロセスを考察する。

5.2　拡張のプロセス

5.2.1　省略表現への拡張プロセス

ここで言う省略表現とは、小池（2007）によるものである。次の(5-1)を見られたい。

(5-1) 黒板を消す（P79）

小池は「黒板を消す」を「黒板の字を消す」の省略表現として扱っている。三宅（1996）は、(5-1)と似ている(5-2)のような例に関し、次のような説明を与えている。

(5-2) 太郎がボトルをぬいた。

ヲ格名詞句によって示される移動物が、その移動にとって典型的なものである場合、抽象化され、実際には言語化されなくてもよい場合があると言えるのである。(2) では、ボトルそのものを何かからぬくのではなく、ボトルから「栓」をぬいたのだと解釈される。その場合、ボトルから抜くものとして「栓」は典型的ものであるといえる。(P72)

小池も三宅もその説明自体には何の問題もないと考えられる。小池が省略表現と主張したのは確かなことであるが、「黒板の字」と「消す」との意味関係はヲで表示されうるが、「黒板の字」は「黒板」と省略された場合、「黒板」と「消す」との意味関係もヲで表示可能な理由は何であろうか。また、三宅が指摘した「典型的なもの」はどうやって言語主体の間に認識されうるのか。そういった点はまだ不明である。

本研究では、(5-1)や(5-2)におけるヲ格名詞である「黒板(を)」、「ボトル (を)」は「消す」、「抜く」という動作が行われる時点では存在しており、「黒板 (を)」、「ボトル (を)」は「消す」、[抜く] という動作の働きかけの真の対象ではないため、「既存の偽の対象」として扱う。そのような省略表現は前述したように、メトニミーにより「既存の真の対象」から拡張されたものであると考えられる。

以下、(5-2)を例にとって説明しよう。

(5-2)における「ボトル」というものは図5-1に示すように、「(ボトルの) 本体」、「(ボトルの) 栓」、「(ボトルの) 中身」

などいろいろな側面が含まれている。図 5-1 では、ボトルは円柱の形で示されている。円柱の中にあるものはボトルの多様な側面を表している。

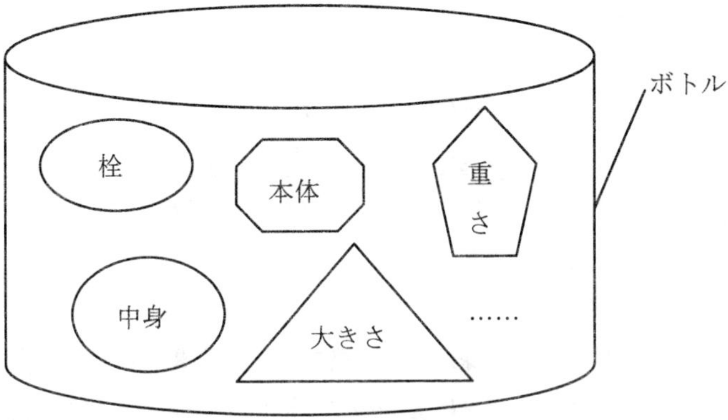

図 5-1

言語主体の認知では、「(ボトルの) 側面」より、「ボトル」の方が認知的に際立ったものであると捉えられ、言語化されるとき、「(ボトルの) 側面」ではなく、認知的に際立った「ボトル」が言語化される。「(ボトルの) 側面」と「ボトル」との間に近接性関係が形成されるため、「ボトル」が言語化された時、「ボトル」と近接性関係にある「(ボトル) の側面」に注意の焦点が向けられ、聞き手では、「(ボトル) の側面」が喚起されたのである。したがって、言語表出の際、「(ボトルの) 側面」ではなく、「ボトル」だけでその側面を指すことができるようになるのである。ただし、「ボトル」で具体的に「ボトル」のどの側面を指し示すのかに関しては、動詞の意味特性に関わっていると考えられる。例えば、(5-3)に示す用例である。

(5-3) a カマールが出ていくと、キッチンに残されたセリーナはミネラルウォーターのボトルを握りしめた。(2005『シークは気まぐれ』森山りつ子)

b わたしたちはカードをして、零時ちょうどにピーターがうちで買える最高のシャンペンのボトルを開け、新年を祝って乾杯した。(2003『木曜日の朝、いつものカフェで』デビー・マッコーマー/ 石原まどか)

c ミネラルウォーターのペットボトルを一息で飲み干し、ようやく人心地がついた。(2004『リアルバウトハイスクール』雑賀礼史)

(5-3) の下線部におけるヲ格名詞は「ボトル（を）」であるが、しかし、「ボトル」は動作の働きかけの真の対象ではない。動作の働きかけの真の対象は、「ボトル」のさまざまな側面である。(5-3) a では、「握りしめる」動詞の意味特性により、(ボトルの) 本体という側面が喚起される。(5-3) b と (5-3) c では、同様に、それぞれ「開ける」と「飲み干す」の意味特性により、（ボトルの）栓、（ボトルにある）水という側面が喚起される。そのように、動詞の意味特性により、「ボトル」という大まかな指示だけで厳密に「ボトル」の側面が喚起できるのは近接関係によるメトニミーという言語主体の認知が働いているためであると言えよう。

(5-2) の例文に戻ろう。「抜く」という動詞の意味特性により、「ボトル」が表出される際、「(ボトルの) 栓」という側面が喚起されるのである。「ボトル」と「(ボトルの) 栓」との間に「全体」と「部分」という近接性関係が形成され、認知されてメトニミーが成り立ち、「ボトル」で「(ボトルの) 栓」を指し示す表現が成立したのである。言語主体の認知では、

「ボトルを抜く」は「ボトルの栓を抜く」というふうに理解されるのである。「ボトルの栓」は既存の真の対象であり、それと「抜く」との間に形成された意味関係はヲ$_1$によって表記される働きかけられと働きかけというものである。言語主体の概念世界では、「ボトル」は既存の偽の対象であるにもかかわらず、既存の真の対象である「ボトルの栓」と近接性関係にあり、「抜く」動作との間にも一種の働きかけられと働きかけの意味関係が形成されるため、ヲで表示されうるのである。すなわち、「ボトル」も一種の働きかけられとして捉えられるということである。既存の偽の対象であるヲ格名詞はメトニミーにより既存の真の対象から拡張されたため、その意味関係はヲ$_1$とは異なり、ヲ$_2$と表記される。小池（2007）が挙げた(5-1)に関しても、同様の説明を与えることができる。すなわち、「消す」という動作の働きかけの真の対象は「黒板（を）」ではなく、「黒板の字（を）」であり、「黒板」と「黒板の字」との間に「場所」と「場所に付着するもの」という近接性関係が形成されている。「消す」という動詞の意味特性により、「(黒板の）字」という側面が喚起され、「黒板を消す」は「(黒板の）字を消す」というふうに理解される。言語主体の認知では、「黒板」はメトニミーにより、「黒板の字」から拡張されており、その「黒板」と「消す」との間にも「黒板」と「消す」との意味関係に似ている一種の働きかけられと働きかけの意味関係が形成され、「黒板（を）」は一種の働きかけられであると考えられる。

(5-1)、(5-2)と似た用法の例文をいくつか挙げることができる。(5-4)を参照されたい。

(5-4)a 四回目のコールでジューンが電話を取ったとき、

リュークはすでに螺旋段階の真ん中あたりにいた。(2003『野蛮な誘惑』古川倫子)

b しばしば風呂を沸かし、薪を燃やしておれば、「谷前の後家は栄耀ばっかりしゆう」と悪評がたつ。(1994『椿と花水木』津本陽)

c ポールはベテラン社員で、チームによる業務ではリーダーを務め、、ペアの仕事にも就きはじめていた。(2002『夜明けの挽歌』レナード・チャン/ 三川基好)

(5-4) a では、実際に「とる」のは「電話の受話器 (を)」であり、「電話」と「電話の受話器」との間に、(5-2) と同様に「全体」と「部分」の近接性関係が形成されている。「取る」という動詞の意味特性により、「受話器」という側面が喚起されたのである。(5-4) b では同様に、実際「沸かす」のは「風呂の中にある水 (を)」であり、「風呂」と「風呂にある水」とは「場所」と「場所に付着するもの」という近接性関係が形成されると捉えてよいであろう。「沸かす」という動詞の意味特性により、「水」という側面が喚起されたのである。(5-4) c については、鳥飼 (1993) の分類によると、「主体の演じる役割」であるが、「務める」という動作の働きかけの対象は「リーダー (を)」ではなく、「リーダーの役 (を)」である。これも「務める」との共起により、「リーダー (を)」に属する「役」という側面が喚起され、言語主体によるメトニミーが働いた結果であると捉えてよいだろう。つまり、(5-4) の下線部は、同じくメトニミーによる「既存の真の対象」から拡張された結果であり、ヲ格名詞は動作の働きかけの真の対象ではないが、言語主体の認知では動作との間に一種の働きかけられと働きかけの意味関係がなされており、一種の働きかけられとして考えられる。

5.2.2　動作遂行の道具への拡張プロセス

この節では、「既存の偽の対象」と考えられる「動作遂行の道具」に属するヲ格名詞について考察する。「動作遂行の道具」とは、次の(5-5)の下線部に示すものである。

(5-5)a ボートの上で工作員ふたりがひざを立てて銃を撃っている。(2003『マリン・スノー』高野裕美子)

b 縁側に腰をかけて祖母の横に座って、髪の毛に赤いリボンを結んでもらうこと一私にとって唯一の心ウキウキする小さなおしゃれでした。(1986『うつみ宮土理のカチンカチン体操』うつみ宮土理)

c どうしたんだろう、と思って顔をあげると、辞書を調べたり、立ち上がって書棚から本を取り出したり…(1995『恋』小池真理子)

d マッチをつけてみるとガランとした中にソファがあり、カバーがかけてあった。(1994『天皇家三代の半世紀』河原敏明)

e 離れた場所でピアノを弾いていた女性宙士が驚き、ふいとこちらを見た。(2003『吹け、南の風』秋山完)

f 万物が眠っているような未開の時代に、弓を射て、細かい多くの都を支えた。(1992『神代巻の現代語訳』中西信伍)

(5-5)の下線部においては、ヲ格名詞と動詞の意味的な関係から言えば、ヲ格名詞は動詞が表す動作の遂行の道具であると考えられる。そのため、先行研究ではこうしたヲ格名詞の意味役割を「動作遂行の道具」と説明することが多数である(鳥飼1993、国広1995など)。

前述したように、本研究は(5-5)のような動作遂行の道具を表すヲ格名詞を「既存の偽の対象」と位置づける。結果を先取りして言えば、動作遂行の道具もメトニミーにより「既存の真の対象」から拡張されると考えられる。その拡張のプロセスは次のように説明できる。

つまり、言語主体の認知では動作の実際の働きかけの対象と動作遂行の道具の間に近接性関係が形成されており、メトニミーが発生し、働きかけの対象から道具への拡張が成り立つのである。働きかけの対象より道具の方を際立たせるために、言語主体は、言語表出の際、働きかけの対象ではなく道具を選んだわけである。その結果、動作遂行の道具がプロファイルされ言語化されたとき、ヲ格名詞になったのである。しかし、『日本語基本動詞用法辞典』におけるヲ格を共起させる457個の動詞を調べた限り、動作遂行の道具がヲ格で表示できるものは(5-5)の下線部に示す6つしかないことがうかがえた。また、先行研究を概観した結果、道具をヲ格名詞に取った用例が少数に限られていることがわかった。ということは、限られた場合のみ、動作遂行の道具がヲで表示されうるのである。ここでは、どんな場合に、動作遂行の道具はヲで表示されうるのか、といったことが問題となる。

そのような道具のヲ格表示について、村木（2000）は次のように述べている。

> [N_2ヲ道具トシテ、N_1ヲ V スル]という関係が成立する。N_1は動作主の動作の及ぶ対象をあらわし、N_2はその動作を実行する際に用いる道具もしくは手段をあらわす。[N_2ヲ V]の結びつきがあらわれるのは、動作の対象が文脈や場面によってわかっているか、重要でないといった理由から背後にしりぞいているような場合である。（P69）

村木の「文脈と場面」に関する記述は確かであるが、(5)における「銃を撃つ」、「リボンを結ぶ」、「辞書を調べる」といったような表現は場面がなくても成立すると考えられるし、また、(5-6)のようなデで表示される道具は、どんな場面に置かれても、「鉛筆を書く」、「ナイフを切る」といった表現が妥当であるとは考えられない[①]。

(5-6)a 折りこみ広告の裏に硬い<u>鉛筆で</u>書いた、判読し難い若水汲みの地図を、いかめしい顔つきで僕に差し出していた。(1988『万延元年のフットボール』大江健三郎)

b 永沢さんは鴨を<u>ナイフで</u>切ってうまそうに食べ、ウィスキーを飲んだ。(1987『ノルウェイの森』村上春樹)

とすれば、その「限られた場合」に関し、更なる考察が必要であると考えられる。本研究では事象の切片化という概念を紹介したうえで、上述した場合を明確に指摘したい。

5.2.2.1 事象の切片化

大堀(2002)によれば、出来事を言語化する際には、一連の因果関係の連なりの中から限られた部分をプロファイルすることが行われなければならない。可能な因果関係の連なりの中の一部を切り出すことを「切片化」とするとのことである。

大堀は一連の因果関係の連なりを因果連鎖と呼んでいる。人間の経験する出来事を次の図に示すように捉えられると記述している。

---

① コーパスで検索した結果、「鉛筆を書く」、「ナイフを切る」といった表現がないことがわかった。

…●→●→●→●→●→●→●

上の図は因果連鎖の線状化であるとされている。黒い丸で表した節点は事象の参加者を、節点をつなぐリンクは参加者の間の影響関係を表している。あるひとつの事象の参加者（図のひとつの節点）から発した「エネルギー」が別の参加者（節点）に伝わり、それが順番に伝達されることで一連の出来事が生じるというように出来事が捉えられている。(P99)

大堀は次の例を挙げて具体的に説明した。

(5-7) 国連が某国を緊急援助した。

「国連」と「某国」の間を結ぶ出来事は細かくすればたくさんあると考えられる。例えば、国連の責任者が指揮官に命令を下し、指揮系統の連鎖を経てパイロットが輸送機を発信させる。そして空間を移動した後、救援物資を落とす。その物資は某国の特定地点に落下し、任務が完遂される。しかし、言語使用ではもっと簡略な捉え方がされる。つまり、細かくイメージすれば中間に多くの節点をもちうる出来事が、「国連」と「某国」間の直接作用へと還元されているわけである。

事象を言語化するということは、因果関係の中から線状連鎖を抽出した上で、連鎖の一部を細密度のもとに切片化する作業である。(P99)

大堀(2002:100)は、これらの作業を次のように図式化している。このような図式を人間の事象の認知プロセスと呼ぶ。

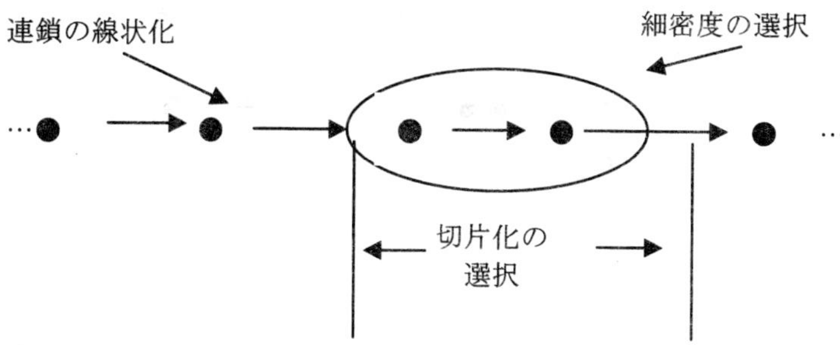

図 5-2

大堀の説明でわかるように、切片化というのは出来事を言語化する際、現実世界からの出来事の断片の切り取り作業であるということである。これから、切片化という観点から「言語主体が働きかけの対象より道具の方を際立たせたい」場合、つまり、道具のヲ格表示の動機付けを見ていこう。

5.2.2.2　道具のヲ格表示の動機付け

足立（2003）も大堀の切片化を利用し、道具のヲ格表示の容認性を考察した。具体的には、次のように述べている。

> 大堀によれば、言語主体の日常経験の中で関心のない（あるいは意味のない）現実世界の断片は切片化に値しない。そのため、道具をヲ格で表すことも言語主体の関心事でなければならない。(P168)

本研究では、足立（2003）の立場を継承し、発展させ、道具のヲ格表示の動機付けについて考察する。

ここでは、まず(5-5)a を例として、事象認知のプロセスを図で描いてみよう。次の図 5-3 の通りとなる。

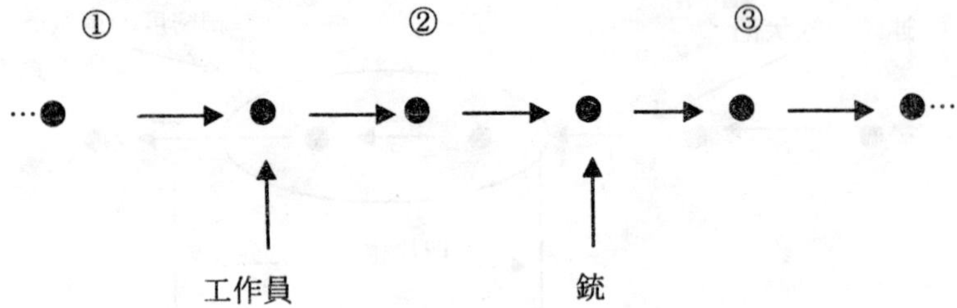

図 5−3

(5-5) a を (5-7) にならって精密に分析してみよう。例えば、「工作員」は上司の命令を受け、目標の人物を見つける。そして銃を使ってその人を撃つ、といったことが想像できる。図 3 における節点①、②、③はそれぞれ事象参加者とされる「上司」、「目標の人物」、「その人」を表している。言うまでもなく、細かくイメージすればきりがないが、ここでは、動作主から道具までの事象の断片に注意されたい。つまり、「工作員」と「銃」が言語主体により切片化されたのである。(5-5) a において「撃つ」という行為の遂行を意図する動作主から、それに関与する道具「銃」までのエネルギーの流れを一種の有意味的な活動として捉えることが、われわれの日常生活の中で存在するか、もしくは、すぐに思い浮かべることができるからである。言語主体は日常生活の経験を通じて、動作主から「銃」までの作用それだけで有意味な活動を構成するものとして捉えることができる。

(5-5) b～(5-5) f についても、(5-5) a と大体同様の説明が与えられる。すなわち、「銃を撃つ」、「リボンを結ぶ」、「辞書を調べる」、「マッチをつける」、「ピアノを弾く」という表現自体は言語主体にとって一種の有意味的な活動として認識されている。

これに対して、(5-6)における「鉛筆を書く」、「ナイフを切る」のような表現が容認されないのは、動作主から道具までのエネルギー移動を有意味な活動として認めさせることに無理があるからである。「書く」という行為を行うときに、何でもって書くのかがたいした違いをもたらすことはないといえよう。すなわち、同じことを鉛筆で書くのかそれともペンで書くのか、その結果に大差はないであろう。「切る」についても同様である。「ナイフを切る」という表現は言語主体にとって有意味な活動ではなく、ナイフを使って何かを切ることこそが最大の関心事であろう。「世界にひとつしかない歴史的な価値を持つ貴重なナイフであるため、そのナイフの使用がそれ自体で意味のある行為であるような場合には『ナイフを切る』という表現が許されるかもしれない。足立(2003 : 170)」。要するに、「書く」あるいは「切る」という行為が実行される際、道具が何であろうということは言語主体の関心の外にある。そのため、「道具＋を＋動詞」という表現が無意味になってしまう。

まとめて言えば、動作主の動作遂行の道具までのエネルギー移動が有意味な活動を成しており、動作遂行の道具が最大の関心事であるという言語主体による認識が必要な場合にこそ道具のヲ格表示が成立するということである。ただし、言語主体は常に結果を重要視しているから、動作遂行の道具にめったに関心を引き寄せないため、道具のヲ格表示が少ないのであろう。

以上、「既存物の偽の対象」における動作遂行の道具について見てきた。言語主体の認知では、道具はメトニミーにより動作の働きかけの真の対象から拡張されたのであり、その道具と動作との間にも動作の働きかけの対象と動作との間に形成された意味関係に似ている一種の働きかけられと働きかけの意味関係が形成されており、動作遂行の道具は「既存の真の対象」を表示するヲ格名詞と同様、一種の働きかけられとして考えられる。

5.3　本章のまとめ

本章では、ヲ格名詞の「既存の偽の対象」の意味役割に関して考察した。「既存の偽の対象」の下位類として二つを取り出し、それぞれをいわゆる省略表現と動作遂行の道具と名づけた。省略表現にしても動作遂行の道具にしても、メトニミーにより「既存の真の対象」から拡張されたことが確認された。

省略表現の場合、言語主体の概念世界には動作の働きかけの真の対象と省略表現におけるヲ格名詞との間に近接性関係が形成されるため、メトニミーが発生したのである。したがって、動作の働きかけの真の対象ではないものがヲ格名詞に位置したのであり、そのヲ格名詞と動作との間に一種の働きかけられと働きかけの意味関係が成され、ヲ格名詞は一種の働きかけられであると捉えられる。

動作遂行の道具の場合、大堀（2002）が提出した「事象の切片化」という概念を導入し、足立（2003）の研究を踏まえた上で、「どんな場合に、動作遂行の道具がヲ格で表示されうるのか」について考察した。「事象の切片化」とは、出来事を言語化する際には、可能な因果関係の連なりの全部ではなく、その一部を切り出すということである。動作遂行の道具が切り出されたとき、言語主体の認知では、動作主の動作遂行の道具までのエネルギー移動が有意味な活動を成しており、動作遂行の道具が最大の関心事であるという認識が形成されたため、道具のヲ格表示が可能となる。そうでなければ、道具がヲで表示できなくなってしまう。ただし、言語主体は常に結果を重要視しているから、動作遂行の道具にめったに関心を引き寄せないため、道具のヲ格表示が少ないのである。ヲ格名詞が動作遂行の道具を表示する場合でも、そのヲ格名詞と述語動詞との間に、依然として一種の働きかけられと働きかけの意味関係が成されており、「動作遂行の道具」も一種の働きかけられとして捉えられる。

第 6 章　「非既存の対象」について[①]

第 3 章ではヲ格名詞は動作を行う時点では存在しておらず、動作を行った後の時点で、動作の働きかけを受けて変成した結果産物であるものを「非既存の対象」と呼び、非既存の対象と動作との意味関係をヲ$_3$によって表記することについて述べた。本章では、その「非既存の対象」について検討し、ヲ格のプロトタイプである「既存の真の対象」との関連性を認知的な見地から説明していきたい。

6.1　認知的な見地からの先行研究

この節では、認知的な見地から「非既存の対象」に関する先行研究を見ていきたい。まず、ヲ格名詞が「非既存の対象」の意味役割を表示する用例として次のような文を取り上げよう。

(6-1) a 黒竜江省の省都のハルビンは、松嫩平野に位置し、もともと帝制ロシアが一八九六年に<u>東清鉄道を建設する</u>ための拠点として建設した町である。(1998『アジア偏愛日記』立松和平)

b「後、千恵さんを守っていてなくなった巡査の方の<u>お</u>

① この章の内容の一部は許慈恵・楊敬（2011b）による引用である。

墓を建てたいと思います」と、香子言った。(2004『やさしすぎる悪魔』赤川次郎)

c 私は自分自身を誠実に検証する能力を育てることなく、判断もせず追い出してしまったのである。(1997『魂の絆——本当の自分を探して』マイケル・J・ローズ/飛田妙子)

(6-1)aでは、「建設する」という動作の働きかけの真の対象は「東清鉄道（を）」ではない。「東清鉄道（を）」は「建設する」動作を行う時点までは、存在していないものであり、動作を行った後の時点で作り出されたものであると考えられる。(6-1)bのヲ格名詞である「お墓（を）」は、「建てる」という動作の実際の働きかけの結果産物である。(6-1)cでは、ヲ格名詞である「能力（を）」も「育てる」という動作を行う時点では存在していないと考えられる。このように、(6-1)a～(6-1)eの下線部では、ヲ格名詞は動作を行う時点では存在していないという点において、「既存の真の対象」の成員とは異なっている。

従来の研究①では、「建設する」、「建てる」といった動詞は生産的意味を有し、それらと共起するヲ格名詞が動詞の結果産物であると捉えられている。確かに、ヲ格名詞が「非既存の対象」の意味役割を表示するとき、そのヲ格名詞を要求する動詞は生産的意味を有する。しかしながら、「非既存の対象」は動作を行う時点では存在していないにもかかわらず、動作との意味関係を「既存の真の対象」の場合と同じヲで表示されうるのはなぜであろうか。

それについては、岡(2005)が、「沸かす」、「建てる」といっ

① たとえば、加藤（2006）である。

た動詞を制作動詞と呼び、制作動詞を共起させるヲ格名詞の意味役割を制作物としたうえで、結果状態である制作物がヲで表される理由について、次のように述べている。

　そもそも製作行為とは、ないものからあるもの出現させる行為である。とすると、ここで本来ヲ格で表示される変化する対象がないのであるから、ヲ格は結果状態にずれこんで流用されるという形になるのではないかと考えられる。（P182、下線部は筆者より）

制作物は「典型的な対象」、すなわち変化する対象から拡張されるという岡の主張に従い、下線部のような解釈を出していると考えられる。本研究では、岡（2005）の説にある、制作物に当たる「非既存の対象」は「既存の真の対象」から拡張されたものであるという論を採用する。下記の表1に示すのは、「非既存の対象」（或いは制作物）に拡張されるルートに関しての、岡（2005）と本研究の違いである。

表 6-1

	岡（2005）	本研究
拡張関係	典型的な対象から制作物	既存の真の対象から非既存の対象

しかし、岡では、そのような拡張プロセスについての説明は上述のような一言だけであり、説得力が足りないと言わざるを得ない。拡張のプロセスに関して、さらなる論述が必要である。本章では、主として「既存の真の対象」と「非既存の対象」との間に働いている認知的なメカニズムを考察し、「既存の真の対象」から「非既存の対象」への拡張プロセスについて詳しく検討していきたい。

6.2　拡張のプロセス

「非既存の対象」と共起する動詞は『日本語基本動詞用法辞典』におけるヲ格を共起させる 457 個の動詞を考察した結果、「(英雄を) 生む$_1$」、「(代表を) 選ぶ$_2$」、「(やる気を) 起こす$_2$」、「(鶴を) 折る$_2$」、「(漢字を) 書く」、「(予算案を) 組む$_2$」、「(海外旅行を) 計画する」、「新空港を」建設する」、「(結果を) 定める」、「(予定を) 立てる$_2$」、「(ホームランを) 打つ$_2$」、「(芽を) 出す$_2$」、「(病院を) 建てる」、「(酒を) 作る」、「(写真を) 撮る」、「(風邪を) 引く$_2$」、「(新理論を) 発明する」、「(お結びを) 握る$_2$」、「(薬局を) 開く$_2$」、「(井戸を) 掘る$_2$」、「(インフレを) 招く$_2$」、「(外交関係を) 結ぶ$_2$」、「(皿を) 焼く$_2$」、「(想像力を) 養う」、「(お茶を) 沸かす」、「(ご飯を) 炊く」、「(火を) 焚く」、「プラスチックを製造する」など 30 個以上もあることがうかがえた。

そのような「非既存の対象」に関し、「動作の働きかけの真の対象を比較的容易に指定できるかどうか」により、二つのグループに分けられる。

一つは「お湯を (沸かす)」に代表される動作の働きかけの真の対象を比較的容易に指定できるものである。そのような非既存の対象と動作の意味関係はヲ$_{3-1}$で表す。「お湯を (沸かす)」においては、「沸かす」という動作の働きかけの真の対象は「水」であるように比較的容易に指摘できる。その種の用例は、「代表を (選ぶ)」、「穴を (掘る)、「ご飯を (炊く)」、「鶴を (折る)」、「お結びを (握る)」などが挙げられる。

もう一つは「家を (建てる)」に代表される動作の働きかけの真の対象を比較的容易に指定できないものである。そのような非既存の対象と動作の意味関係はヲ$_{3-2}$で表す。「家を

(建てる)」においては、「家」という結果産物を得るには、れんがを積んだり、コンクリートを流し込んだりするが、「建てる」という動作の働きかけの真の対象を比較的容易には指定できない。その種の用例は、「新理論を（発明する)」、「パンを（作る)」、「空港を（建設する)」、「やる気を（起こす)」、「結果を（定める)」などが挙げられる。

以上のような「非既存の対象」の二つのグループに関し、それぞれの拡張プロセスを見ていきたい。

6.2.1　ヲ$_{3-1}$への拡張プロセス

この節では、「既存の真の対象」を表示するヲ$_1$から「非既存の対象」を表示するヲ$_{3-1}$へと拡張されるプロセスについて論述する。結果を先取りして言えば、ヲ$_{3-1}$はメトニミーにより、ヲ$_1$から拡張されたものであると考えられる。そのようなメトニミーの発生は、近接性関係の認知に基づいていることが第5章の記述からすでに明らかとなっている。

本研究では、「非既存の対象」を表示するヲ$_{3-1}$はメトニミーにより「既存の真の対象」を表示するヲ$_1$から拡張されるプロセスに関し、次のように考えている。

動作の働きかけの真の対象と、動作を行った後の時点で動作の働きかけを受けて変成した結果産物との間に近接性関係が形成されている。働きかけの真の対象は、動作の働きかけを受けながら変化を引き起こし、最終的に結果産物になったわけである。その意味では、働きかけの真の対象と結果産物は、物事が変化するプロセスの中で「始め」と「終わり」の状態であるということである。下記の図 6-1 において示されているのは、対象が動作主からの働きかけをうけ、変化を引き起こし、結果産物になるプロセスである。

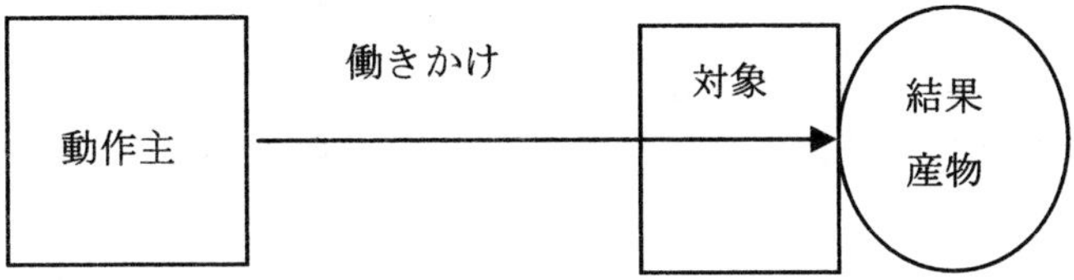

図 6-1

言語主体が日常生活の経験により、働きかけの真の対象と働きかけた結果できた結果産物との近接性関係を認知することができたことで、メトニミーが発生し、働きかけの真の対象から結果産物への拡張が成立したのである。そのような近接性関係は、客観的に働きかけの真の対象と結果産物との間に存在しているわけではなく、言語主体の概念世界に形成されたものである。そして、そのような近接性関係は一部の言語主体に認知されるものではなく、言語主体の全体に認めてもらわなければならない。そうでなければ、言語主体の間に通用できないためである[①]。働きかけの真の対象より結果産物の方を重要視しているから、言語主体は、言語表出の際、働きかけの真の対象ではなく結果産物をヲ格名詞に選んだわけである。その結果、結果産物がプロファイルされ言語化されたとき、ヲ格名詞になったのである。言語主体の認知では、

① 例えば、次の（6-2）における「お湯を沸かす」、「穴を掘る」、「赤飯を炊く」という表現は、抵抗なく言語主体の間に理解され、用いられるが、「＊やかんを沸かす」、「＊鍬を掘る」、「＊電気釜を炊く」といった表現は成り立たない。考えてみれば、「やかん」は「お湯を沸かす」器具であり、「鍬」は「穴を掘る」道具であり、「電気釜」は「赤飯を炊く」道具である。その意味では、「やかん」、「鍬」、「電気釜」は、「沸かす」、「掘る」、「炊く」といった動作の働きかけの対象との間になんらかの関係があるといえよう。それにもかかわらず、「やかん」、「鍬」、「電気釜」は、「沸かす」、「掘る」、「炊く」と共起できない。それは、「やかん」、「鍬」、「電気釜」と「沸かす」、「掘る」、「炊く」といった動作の働きかけの対象との関係は言語主体に認知されていないからである。極端に言えば、そのような関係が言語主体の全体に認識してもらうことができれば、「＊やかんを沸かす」、「＊鍬を掘る」、「＊電気釜を炊く」といった表現も成り立つはずである。

上述したメトニミーが働いているため、結果産物と動作との間にも、働きかけの真の対象との動作との間に形成された意味関係に似ている一種の働きかけられと働きかけの意味関係がなされている。そのため、「非既存の対象」と動作との意味関係もヲで表示されうる。「非既存の対象」も一種の働きかけられとして捉えられる。

次に、(6-2)のような具体例を挙げながら詳しく分析していこう。

(6-2)a 水は近くの沢から引いていくればよさそうだし、プロパンを使えばお湯を沸かしたり、簡単な調理もできる…(1999『沈まぬ太陽』山崎豊子)

b あまり前のことでもありませんが、ある夏のこと、私は、庭の傾斜した芝生に深い穴を掘って、一群のコオロギを、そこに移す計画を立てました。(1992『セルボーンの博物誌』ギルバート・ホワイト/山内義雄)

c「帰る日にはお赤飯を炊いて、よく部屋の掃除をして、きちんとしておきなさい」とも母は言った。(1988『殺意の風景』宮脇俊三)

(6-2)aでは、「沸かす」動作が実際働きかける対象は、「水」①である。言語主体の認知では、「お湯（を)」は、「水」を沸かした結果産物である。その意味では、「お湯」と「水」は同一のものが異なる外部条件に置かれた状態であると捉えてよいであろう。そのため、言語主体の概念世界には「お湯」と「水」

① 言うまでもなく、「水を沸かす」という表現も成立する。ただし、「水」は「沸かす」動作の働きかけの真の対象であるから、「既存の真の対象」のカテゴリーに含まれると考えられる。

の間に近接性関係が形成されたのである。そして、言語主体は、働きかけの真の対象である「水（を）」が動作の働きかけを受けて変成した結果産物である「お湯」を際立たせるため、「お湯」を「沸かす」のヲ格の位置に取ったのである。このように、「水」と「お湯」との間に発生したメトニミーより、「お湯（を）」と「沸かす」との間にも「水（を）」と「沸かす」との間に形成された意味関係と似ている一種の働きかけられと働きかけの意味関係がなされたのである。「お湯（を）」は、一種の働きかけられとして捉えられる。

同じように、(6-2) b では、「掘る」動作の働きかけの真の対象は「土」である。「土」が除去されたところには、「穴」ができたわけである。言語主体の認知では、「穴」が「掘る」動作の働きかけの結果産物である。それを際立たせるため、「掘る」動作の働きかけの真の対象である「土」ではなく、結果産物である「穴」をヲ格名詞の位置に置いたわけである。ここでも、言語主体の概念世界では、「土」と「穴」には一種の近接性関係によるメトニミーが働いており、「穴（を）」と「掘る」との間にも「土（を）」と「掘る」との間に形成された意味関係と似ている一種の働きかけられと働きかけの意味関係がなされたのである。「穴（を）」は、一種の働きかけとして捉えられる。

(6-2) c では、「炊く」という動作の働きかけの真の対象は「米」である。作った結果、「赤飯」ができたのである。言語主体の認知では、「赤飯」は、「炊く」という動作の働きかけの結果産物である。結果産物をプロファイルするため、結果産物である「赤飯」をヲ格名詞とする。(6-2) a、(6-2) b と同じように、言語主体の認知では、「飯」と「米」には一種の近接性関係が読み取れ、メトニミーが成り立ったのである。言語主体の認知では、「赤飯（を）」と「炊く」との間にも「米（を）」と「炊く」との間に形成された意味関係と似ている一種の働きかけられと働きかけの意味関係がなされたのである。「赤飯（を）」は、一種の働きかけられとして捉えられる。

上述した「働きかけの真の対象」と「結果産物」との間にメトニミーが形成された時、「結果産物」がヲ格名詞に取られるという上述のような分析が正しければ、つまり、言語主体は動作の働きかけの真の対象より、結果産物のほうを際立たせるため、結果産物のヲ格表示が可能になるという分析が妥当であれば、働きかけの真の対象より、結果産物を共起させる用例のほうが多数であると予想できる。それを検証するために、(6-2)a～(6-2)c における「沸かす」、「掘る」、「炊く」という三つの動詞を対象に、それらが要求するヲ格名詞は動作の働きかけの真の対象となることが多いのか、それとも、結果産物が多数であるのかを考察してみる。

ここでは、コーパスで、「沸かす」、「掘る」、「炊く」と共起するヲ格名詞を検索してみた。結果は以下の通りである。「沸かす」と共起するヲ格名詞は 108 例である。その中で、「お湯（を）」もしくは「お茶（を）」、「コーヒー（を）」といった「お湯（を）」と同じく「沸かす」という動作の結果産物と考えられる文は合計 91 例であることがわかった。結果産物が「お湯（を）」以外の例としては、次の文に示す「コーヒー（を）」、「お茶（を）」などもある。

(6-3) a　そのあとコーヒーを沸かして、またブランデーをたっぷりとたらしこんで飲んだ。(1978『殺意の三面峡谷』太田蘭三)

b　たとえそれが母親にしろ、夜おそく人にお茶を沸かし

て貰えようとは夢にも希んでいなかったのだ。(1946『青春の逆説』織田作之助)

そして、「沸かす」動作の働きかけの真の対象である「水(を)」と共起する例文は 4 例しかないことがわかった。

(6-4) a 水筒の水を沸かしてその中に角砂糖を入れ、砂糖湯を作って二人に与えた。(1969『孤高の人』新田次郎)

b 水を沸かしてお湯になるんすから。(1986『僕の時間の深呼吸』高泉淳子)

c おまえの孫の孫もこの水を沸かした産湯につかるだろう。(2000『枕木』多和田葉子)

d まずペットボトルの水を沸かして農協ご飯に注ぐ。(2001「世界の中心で、愛を叫ぶ」片山恭一)

このように、実際の用例では、「お湯を沸かす」のように、ヲ格名詞が結果産物であることが圧倒的に多いことがわかった。

また、「掘る」に関しては、それと共起するヲ格名詞は 331 例存在する。このうち、「穴 (を)」または「井戸 (を)」、「墓(を)」など、「穴 (を)」と同様に「掘る」動作の働きかけの結果産物と考えられるものと共起する文は合わせ 181 例である。結果産物が「穴 (を)」以外の例として、次のような文が挙げられる。

(6-5) a ある確率で、このボールは自分で山裾にトンネルを掘り、向こう側に出現するからです。(2001『宇宙はわれわれの宇宙だけではなかった』佐藤勝彦)

b 池を掘って鯉を飼えない人々は軒下に金魚鉢を置いた。(1988『日本人への警告』堺屋太一)

c 現地に井戸を掘って残してくれば、その土地のひとは一生、水が呑める。(1995『新東洋事情 1995 年版』深田祐介)

d その下に防空壕を掘れば、体制は整ったわけで、何のための体制か解らないが。(1977『日本のよさ』吉田健一)

また、「土(を)」あるいは「土(を)」と同様に、「砂(を)」、「雪(を)」など「掘る」という動作の実際の働きかけの対象と考えられるものと共起する例文も 16 例ある。次の例文はその一部である。

(6-6)a 正直もののクマは、いいところを見つけて、土を掘って、畑をつくりました。(1957『日本むかしばなし』坪田譲治)

b 雪を掘ったあとも見えた。(1969『孤高の人』新田次郎)

c しかし焼跡だから声をかけることも出来ないし、灰を掘るには道具もなし、とにかくどこかで死んでいるものとき…(1965『黒い雨』井伏鱒二)

d それぞれ、車輪の下に木片を差し込んだり、砂を掘ったり、必死で働いた。(1968『風に吹かれて』五木寛之)

(6-6)a では、後ろの文脈に「掘る」という動作の結果産物である「畑」が出ているため、前の文脈は結果産物ではなく、結果産物がどのように作り出されるのかを明示しているのである。これにより、動作の働きかけの真の対象がヲ格名詞になるわけである。(6-6)b～(6-6)d では、前後の文脈により、「～を掘る」ことで何かを作り出すという意味合いは含まれていないことがわかった。つまり、言語主体の認知では、別のものを作り出すという意図はなく、「雪」、「灰」、「砂」といったそのものを「掘る」ことが第一の意図であって、それが原因で、特に際立たせたいものがなく、働きかけの真の対象を共起させたのである。

「炊く」と共起するヲ格名詞は71例である。その中で、「飯(を)」や、「飯（を)」と同様に動作の働きかけの結果産物と考えられる「粥（を)」などと共起する文は合わせて62例であり、以下はその一部である。

(6-7)a 石油コンロとアルコールバーナーを使って湯を沸かし粥を炊いた。(1969『孤高の人』新田次郎)

b 乙畑は日本から持ってきた炊飯器で混ぜご飯を炊き、ジンジャエールで入学祝いをしてくれた。(1997『女たちのジハード』篠田節子)

c 礼子は赤飯を炊いて夫の進級を祝おうにも、いつも夫はそばにいなかった。(1965『山本五十六』阿川弘之)

また、「炊く」動作の実際の働きかけの対象と考えられる「米(を)」、「野菜(を)」などと共起する文は7例あることがわかった。次に挙げる例は、その一部である。

(6-8)a 米を炊くときはガス栓をあけ放して待機している。1962『楡家の人々』北杜夫)

b モモは毎朝、午前三時から大豆を炊いて豆腐を作り、九時には近所の得意先へ配達に出る。(1990『黄金を抱いて翔べ』高村薫)

c ある秋の午後、母が台所で栗を炊き、私がベッドにね

ころんで本を読んでいるとき、戸外で…(1957『パニック』開高健)

上述したことをまとめると、次の表6-2のようになる。

表 6-2

	検索例数	結果産物と共起する例数及び比率	実際の働きかけの対象と共起する例数及び比率
沸かす	108	91 (84.3%)	4 (3.7%)
掘る	331	181 (54.9%)	16 (4.8%)
炊く	71	62 (87.3%)	7 (9.9%)

表6-2から、結果産物と共起する例数が働きかけの対象と共起する例数より圧倒的に多いことがわかる。したがって、言語主体は結果産物を重要視し、それを際立たせるため、言語表出する時それをヲ格名詞に取ったという本研究の理論的説明が裏付けられたといえよう。

以上、「非既存の対象」はメトニミーにより「既存の真の対象」から拡張された認知プロセスが明らかとなった。また、「沸かす」、「掘る」、「炊く」という三つの動詞を対象に、それらと共起するヲ格名詞をコーパスで検索した結果、働きかけの真の対象よりも、結果産物の方が圧倒的に多いことがわかった。すなわち、「既存の真の対象」からメトニミーより「非既存の対象」への拡張が多数存在することが裏付けられたのである。

6.2.2 ヲ$_{3-2}$への拡張プロセス

前述したように、非既存の対象と動作との意味関係をヲ$_{3}$で表示する。また、動作の働きかけの真の対象を比較的容易に確定することができるかどうかにより、非既存の対象と動作との意味関係をヲ$_{3-1}$とヲ$_{3-2}$という二つのタイプに分ける。ヲ$_{3-1}$では、動作の働きかけの真の対象を比較的容易に確定するのに対し、ヲ$_{3-2}$では、動作の働きかけの真の対象を確定することは困難である。(6-9)を見られたい。

(6-9) a 同僚たちを見ていると、家族旅行のために何ヶ月も前からじっくり予定を組んでおいても、突発的な用件で海外へ飛んだり…(1976『毎日が日曜日』城山三郎)

b 日本の松岡外相も、大島大使も巧く躍らされて、日独軍事同盟を結んだとしか云えないね。(1983『二つの祖国』山崎豊子)

c 子供部屋なんて、冬になると風がひゅうひゅう吹いて、風邪を引いては、治ったかなあと思うと、すぐにまた風邪だ。(1993『晴れた空、そよぐ風』永倉萬治)

d 「この木にゃきっと、鳥がいっぱい巣を作ってるだろうなあ」そこときふいに、声が聞こえたような気がした。(2000『グリム童話完訳クラシック』池田香代子)

e 岸から離れたところで堤防を建設し、この近辺の海を囲う。(2003『迷宮百年の睡魔』森博嗣)

f 僕たちは気に入らない生徒の机や椅子を壊し、屋上で火を焚いた。(1990『叫び声』大江健三郎)

例えば、(6-9)aにおける「組む」という動作の結果産物は「予定（を）」であり、「予定（を）」という結果産物を得るには、いろいろ資料を探したり、考えたりするのであるが、「組む」という動作の働きかけの真の対象はなかなか指摘されにくい。(6-9)b～(6-9)fについても大体同じようなことが言える。

ヲ$_{3-1}$では、結果産物と働きかけの対象との間に近接性関係が形成されたため、メトニミーによりヲ$_{1}$から拡張されたと考えられる。しかし、ヲ$_{3-2}$では、メトニミー発生の基礎である近接性関係が形成されていないため、メトニミーの発生は考えられない。とすれば、(6-9)の下線部のような「非既存の対象」と動作の意味関係を表示するヲ$_{3-2}$に関しては、言語主体の認知がどのように働いているかが課題となる。本研究では、次のように解釈する。

言語主体の概念世界では、動作の働きかけの真の対象を確定することができないとしても、動作の働きかけにより求める何らかの結果産物があると考えられる。(6-9)の下線部では、「組む」、「結ぶ」、「作る」、「建設する」、「焚く」といった動詞の働きかけの真の対象を比較的容易に指定できないが、それらの動作を通じて求める結果産物である「予定（を)」、「同盟(を)」、「巣（を)」、「堤防（を)」、「火（を)」は比較的容易に指摘できる。ヲ$_{3-1}$においては、「働きかけの真の対象」（例えば「水（を)」）と「結果産物」（例えば「お湯（を)」）との間に近接性関係が形成された時、「結果産物」（「お湯」）がヲ格名詞に取られている。働きかけの真の対象を比較的容易に確定できない場合では、言語主体は、そのパターンにならい、求める何らかの結果産物をヲ格名詞の位置に取ったのである。その結果、「結果産物＋ヲ＋動詞」という文法構造になったのである。ただし、結果産物と動詞との間には同様に、一種の働きかけられと働きかけの意味関係が形成され、結果産物は一種の働きかけられとして捉えられる。

以上、「非既存の対象」と動作との意味関係を表示するヲ$_{3-2}$への拡張プロセスを考察した。

6.3　本章のまとめ

本章では、「非既存の対象」への拡張プロセスについて考察した。

まず、「非既存の対象」に関し、動作の働きかけの真の対象を比較的容易に指定できるものと動作の働きかけの真の対象を比較的容易に指定できないものに分けた。前者と動作との意味関係をヲ$_{3-1}$、後者と動作との意味関係をヲ$_{3-2}$と表記した。これは、次の表6-3の通りとなる。

表6-3

	特徴	用例
ヲ$_{3-1}$	動作の働きかけの真の対象を指摘できる	飯を炊く
ヲ$_{3-2}$	動作の働きかけの真の対象を指摘できない	パンを作る

次に、ヲ$_{3-1}$の場合、ヲ格名詞である結果産物が「既存の真の対象」との間にメトニミーという認知的なメカニズムが働いていることが確認された。既存の真の対象は、動作の働きかけを受けながら変化を引き起こし、最終的に結果産物になったわけである。働きかけの真の対象と結果産物は物事が変化するプロセスの中で「始め」と「終わり」の状態であることが言語主体に認識され、動作の働きかけの真の対象と結果産物との間に近接性関係によるメトニミーが形成されている。働きかけの真の対象より結果産物の方を重要視しているから、言語主体は、言語表出の際、働きかけの真の対象ではなく結果産物をヲ格名詞に選んだわけである。その結果、結果産物がプロファイルされ言語化されたとき、ヲ格名詞になったのである。さらに、それを検証するために、「沸かす」、「掘る」、「炊く」という三つの動詞を対象に、それらと共起す

るヲ格名詞を考察した。その結果、働きかけの真の対象より結果産物が圧倒的に多いことが確認された。

くわえて、ヲ$_{3-2}$の場合、メトニミーが発生していないことを指摘したうえで、「働きかけの対象」と「結果産物」との間にメトニミーが形成された時、「結果産物」がヲ格名詞に取られるというヲ$_{3-1}$のパターンにならい、直接に結果産物をヲ格名詞の位置に取ったものと解釈した。

「非既存の対象」は、ヲ格名詞そのものは動作の働きかけの真の対象ではないが、言語主体の認知では、「既存の真の対象」と何等かの関連性があり、メトニミーにより言語主体が際立たせた偽の対象である。したがって、言語主体の認知には、ヲ格名詞と述語動詞との間に、ヲ$_1$と似ている一種の働きかけられと働きかけの意味関係が形成されると捉えられる。その意味では、「非既存の対象」を表示するヲ格名詞は「既存の真の対象」と同様に、一種の働きかけられであると考えられる。

第7章 「空間的対象」について[①]

ここまでヲ格のプロトタイプを「既存の真の対象」と認定し、「既存の偽の対象」と「非既存の対象」が「既存の真の対象」から拡張される認知的なプロセスについて考察してきた。この章では、ヲ格名詞の「空間的対象」という意味役割について検討していきたい。

従来の研究（橋本 1969、国広 1995、加藤 2006 など）では、本研究で言う「空間的対象」は場所と名づけられている。そのような「場所」は「動作主が移動する場所」という意味を表すことで、「(動作の働きかけの) 対象」とは違う位置づけをされてきた。とすれば、なぜ「動作主の移動する場所」も「動作の働きかけの対象」と同一のヲで表示されうるのか、といった問題が生じてくる。その問題に関しては、未だ十分な研究がなされているとは言えない。

本研究は、「空間的対象」というヲ格名詞の意味役割は、「既存の偽の対象」、「非既存の対象」と同様に、その本質は主体移動動作の働きかけの対象であり、ヲ格のプロトタイプである「既存の真の対象」から拡張されることを主張する。具体的には、先行研究を踏まえて、「既存の真の対象」から「空間的対象」への拡張プロセスを明確に示し、そのような拡張が

---

① この章の内容の一部は許慈恵・楊敬（2011c）より引用。

成立する要因を認知的な面から分析すると同時に、「空間的対象」の下位分類をも検討したい。

7.1 拡張のプロセス

第2章でも指摘したように、菅井（1998）は、「モノから空間へ」という隠喩的写像で、ヲ格名詞の「場所」という意味役割は「対象」から拡張されると主張している。森山（2008）も、ヲ格の「場所」用法の場合には、メタファーにより「移動」が「動作」的に捉えられた結果、「場所」が「モノ」的に捉えられているため、「場所」と「対象」が同じヲ格表示になると記述している。

しかし、メタファーによる意味役割の拡張はランダムに起こるものではなく、何らかの類似性に支えられて生じるものであるといえよう。しかし、菅井も森山も、メタファーによるヲ格名詞の「対象」という意味役割から「場所」への拡張について、その発生の基礎ともなる類似性には触れていないようである。

本研究は、「空間的対象」は、メタファーにより「既存の真の対象」から拡張されるという立場に立つ。次の節では、先行研究を踏まえたうえで、まず「既存の真の対象」から「空間的対象」へと拡張する際のメタファー発生を動機付ける概念類似性について論じることにする。

7.1.1 場所と空間の違い

ヲ格名詞の意味役割に関して、「対象」と「場所」を区分することは古くから行われている①。「場所」という言葉は名詞

① 例えば、山田（1908：560－561）は、ヲ格名詞の意味役割を「対象」と「場所」に二分しており、山田（1936：413－415）は、前者に含めていた使役の動作者を独立させ、三分している。橋本（1969：109－119）は、①他動の対者，②経由するところ，③はなれる起点に分けている。森田（1989：1249）は、「場所」に関して、「起点」と「経由点」のほかに、「経過場所」と「方向」を掲げている。

と動詞との関わりにおいては動作が行われるところであり、動作実行の置き場ないしは動作の着場（あるいは着点）を表しているとするのが通常である。そのような場合、「場所」を表す名詞は格助詞デないしはニにより表示される。たとえば、次のような例文を参照されたい。

(7-1) a その結果、香澄は、自分が学校で何を学んできたか、かなり深刻に疑問を抱かざるをえなかった。(1988『西風の戦記』田中芳樹)

b すると彼はあきらめたような溜息をひとつつき、事務所のスペアキイをデスクの上に置いて自分だけ帰ってしまったのだった。(1991『町へ出よ、キスをしよう』鷺沢萠)

c 片山と村越は、選挙事務所にいた。(2004『怒りの北陸本線』西村京太郎)

(7-1) a の下線部においては、デ格表示により、「学校（で)」は「学ぶ」動作の行われる場所を表し、動作の働きかけの対象ではなく、動作実行を担う場所であるといってよいであろう。(7-1) b の「デスクの上（に)」はニ格表示により、動作の働きかけの対象である「スペアキイ」の置き場を示している。(7-1) c の「選挙事務所（に)」はニ格表示により、動作主である「片山と村越」の居場所を表している。総合してみれば、(7-1) の例文では、いずれも動作の「場所」に対する働きかけが読み取れない。言い換えれば、「場所」と動作との間には、働きかけられと働きかけの意味関係がなされていない。

そのような「場所」は、長さと広さからなっており、二次元的である。図で示すと、次の図 7-1 のようになる。

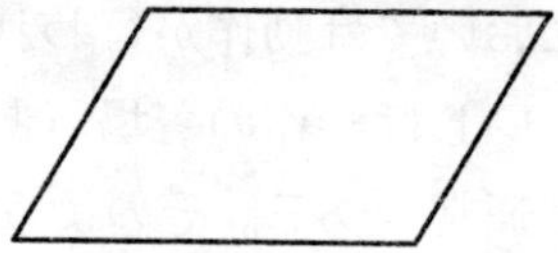

場所

図 7-1

ここでは、場所という概念に対し、空間の概念を説明しておきたい。図 7-1 に示す二次元的場所に対し、空間は、長さと広さ、高さという三つの構成要素が必須であるため、三次元的であると認識されている。それは、図で示すと、次の図 7-2 のようになる。

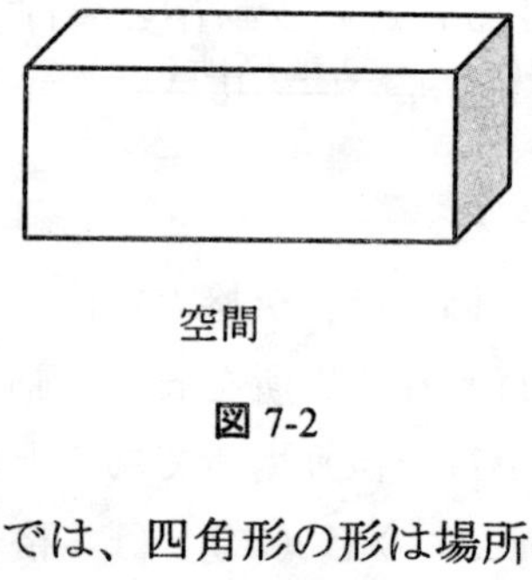

空間

図 7-2

図 7-1 と図 7-2 では、四角形の形は場所のイメージを表すのに対し、立体図形の形は空間のイメージを示すのである。このように、場所と空間とは異なる概念であることが明らかである。

図 7-2 に示すような空間のイメージは、用例（7-2）の下線部に見られるように、主体移動動詞である「登る」との共起及びヲ格表示により喚起されていると考えられる。

（7-2）明るい春の日射しの中で、若く美しい彼女はのろのろと丘を登っている。（2004『ライオンハート』黒田陸）

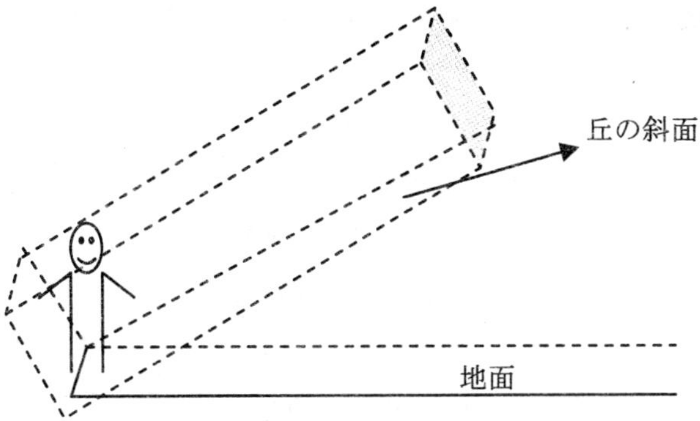

図 7-3 「丘を登る」

図 7-3 に描かれているように、「丘を登る」における「丘(を)」は、長さと広さからなる二次元的な丘の斜面ではなく、丘の斜面、「丘を登る」という動作を実行する動作主である「彼」の身長、及び「彼」の体の広さからなる三次元的な空間であると考えられる。点線で形成されている立体図形はそのような空間を示している。

ところで、同一の名詞は格表示及び動詞との意味関係により、場所と解釈されることもあるし、空間と解釈されることもある。たとえば、次の例文を参照されたい。

(7-3) a まだ夜は明けていないけど、誰かが弾正橋で待っているような予感がした。(2002『水に映る』柏田道夫)

b そのかわりにマックが彼女のジャケットを脱がし、肩から引き抜いて桟橋に投げ捨てた。(2002『シンデレラになる資格』仁嶋いずる)

c 永代橋を渡って深川に行こうと橋のたもとまでやってきた。(2000『土方歳三』峰隆一郎)

(7-3)における三つの例文では、「橋」は、動詞の意味特性や格表示によって、プロファイルされた意味側面が異なってくる。(7-3)a の「橋」は、「待つ」の意味特性やデ格表示により、「橋」の場所としての側面に焦点が置かれ、「橋」は「待つ」動作の行われる場所であると解釈できる。(7-3)b の「橋」は、「投げ捨てる」の意味特性やニ格表示により、「橋」の場所としての側面に焦点が置かれ、「ジャケット」の投げ捨ての場所と解釈できる。(7-3)a にしても(7-3)b にしても、「橋」は場所であることには変わりない。それらに対し(7-3)c の「橋」は、「渡る」の「主体移動」という意味特性やヲ格表示により、「橋」の空間としての側面に焦点が置かれ、「橋」は「渡る」動作が行われる場所ではないと考えられている。

そのように見れば、主体移動動詞と共起するヲ格名詞の意味役割は、「動作主が移動する場所」というより「動作主が移動する空間」といったほうが的確であろう。つづいて、「動作主が移動する空間」における空間の特性を見てみよう。

7.1.2　空間のモノ性

前述では、「既存の偽の対象」にしても、「非既存の対象」にしても、ヲ格名詞が一種の働きかけられである点においては同じであると論述した。つまり、どちらにおいても、言語主体の概念世界には、動作との間には、働きかけられと働きかけの意味関係が形成されている。したがって、「既存の偽の対象」も「非既存の対象」も同様にヲ格表示が可能になるわけである。

ここでは、「既存の偽の対象」や「非既存の対象」を表示するヲ格名詞は押しなべてモノと考えられる。モノであるから、動作の働きかけを受け、一種の働きかけられとして捉えられるのである。例えば、次の例文を見られたい。

(7-4) a それを受け入れるときは、丘を捨てる時だ。(2002『真珠湾の暁』佐藤大輔)

b 少佐は、最後の時限爆弾をトランクから取り出し、それを手にして兵器庫や発電所のある丘を目指した。(2002『哲学者の密室』笠井潔)

(7-4) a、(7-4) b の下線部におけるヲ格名詞の意味役割は「既存の真の対象」である。それは、「捨てる」、「目指す」の意味特性及びヲ格表示により、「丘」は三次元的な事物としての側面がプロファイルされ、動作の働きかけの対象であると考えられるためである。そのような事物の実体は、言うまでもなく一種のモノであり、モノ性を有している。事物だけではなく人間も、モノのカテゴリーに入れることができる。たとえば、

(7-5) ときおり夏の夕方など、母は兄や私を連れて駅まで父を迎えに出た。(2004『記憶の街角遇った人々』柴田翔)

下線部においては、ヲ格名詞である「私(を)」は、「連れる」動詞との共起により、「既存の真の対象」の意味役割となっている。つまり、人名詞である「私(を)」は動作の働きかけの対象として捉えられる。この場合も、「私(を)」が人間であるにもかかわらず、モノとして捉えられ、モノ性を有すると考えられる。

ところで、(7-2)の用例をもう一度見てみよう。

(7-6) 明るい春の日射しの中で、若く美しい彼女はのろのろと丘を登っている。(用例(7-2)の再掲)

下線部においては、主体移動動詞「登る」の意味特性やヲ格表示により、「丘（を）」は、図 7-3 のように、丘の斜面、「丘を登る」動作主の身長及び動作主の体の広さが形成されている三次元的な空間としての側面がプロファイルされている。そのような三次元的な空間は、中に何も入っていないが、普通の三次元的な実体的モノとは異なっている。しかし、空間は一種の特別なモノであることは否定できない。ただし、空間というモノは、三次元を占めている中身のないモノと捉えられているため、モノとしては意識されにくい。にもかかわらず、空間のモノ性を否認するわけにはいかない。後述するように、空間は一種のモノとして捉えられているため、移動動作の働きかけの対象になりうるのである。この意味では、従来「場所」とされてきたヲ格名詞の意味役割は、その本質は「動作の働きかけの対象」であると言わなければならないだろう。そのため、本研究では、ヲ格名詞のいわゆる「場所」の意味役割を「主体移動動作の働きかけの空間的対象」と捉え、略称して「空間的対象」と呼ぶことにする。

7.1.3　拡張のプロセスに関する認知的な説明

本研究では、ヲ格名詞の「既存の真の対象」の意味役割から「空間的対象」へと拡張されるメタファーの発生は、それぞれの用法におけるヲ格名詞と動詞との意味関係の類似性に基づくものであることを主張したい。

「空間名詞＋ヲ＋主体移動動詞」の構造においては、主体移動動詞と空間名詞の意味特性により、「既存の真の対象」という意味役割が弱まり、「空間的対象」の意味役割が際立ってくる。言語主体の認知には、「既存の真の対象」と「空間的対象」の間において、一種の概念メタファーが発生していると考えられる。

第3章で述べたように、既存の真の対象と動作との間に形成されている働きかけられと働きかけの意味関係をヲ$_1$と、「空間的対象」という意味役割における空間的対象と主体移動動作との間に形成されている意味関係をヲ$_4$と表記する。その中で、ヲ$_1$とヲ$_4$は異なってはいるが似ている。ヲ$_1$においては、動作の実際の働きかけの対象は、具象物にせよ、抽象物にせよ、動作の働きかけを受けて変化が生じるかどうかに関わらず、対象を一種のモノであると捉えている。これに対し、ヲ$_4$においては、主体移動という移動動作の働きかけの対象は空間である。空間は、哲学的な見地から見ればモノであるが、言語主体の認知では「モノ」としての性質が弱いため、普通のモノとは異なって捉えられている。空間は、ヲ$_1$における働きかけの対象とは違うが、主体移動動作の働きかけの対象である。主体移動動作を働きかけと見ている以上、空間をおのずと移動動作の働きかけられとして捉えている。このように、空間的対象と移動動作との間にも、働きかけられと働きかけの意味関係がなされてきている。その意味では、「空間的対象」におけるヲ格名詞も一種の働きかけられであると考えられよう。ヲ$_1$とヲ$_4$は、働きかけられと働きかけという意味関係において、類似性を持っているため、「既存の真の対象」から「空間的対象」へと拡張されたのである。
ここでは、(7-7)の用例を例として、その拡張プロセスを説明していこう。

(7-7) ぼんやりしながら道を歩み、橋を渡っているうちに、気がついたら、手を着物の中に入れて、体をかいていた。(1980『将軍』ジュームズ・クラベル/宮川一郎)

(7-7)においては、「渡る」という動作が行われるとき、「橋」は、長さと広さからなっている橋の面と、「橋を渡る」動作主である「お婆さん」の身長、及び「お婆さん」の体の広さからなる三次元的な空間であると考えられる。イメージ的には、図 7-4 に描かれているように、点線によって形成されている立体図形は、橋の面、「お婆さん」の身長及び、「お婆さん」の体の広さからなっていることがうかがえる。その立体図形は、長さ、広さと高さから構成される三次元的な空間と捉えるべきであろう。その空間は、「渡る」という主体移動の働きかけにより、言語主体の認知では、自然と「渡る」動作の働きかけられと捉えられるのである。つまり、主体移動が空間的対象である「橋」を「渡る」プロセスは、主体移動動作の空間的対象への働きかけであると解釈することができる。

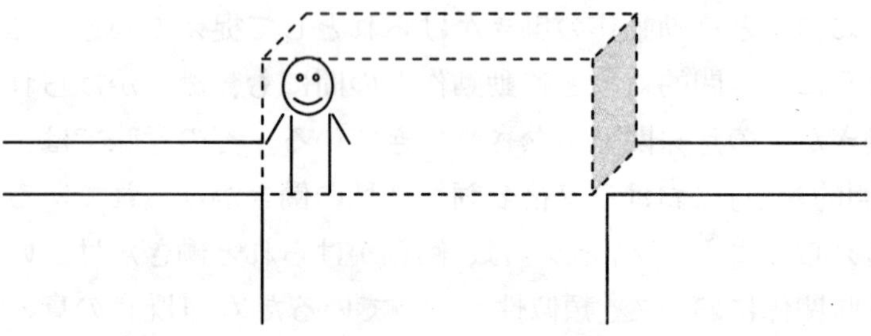

図 7-4 「橋を渡る」

以上述べたように、空間の本質は、主体移動動作の働きかけの対象でもある。ただし、そのような空間的対象はモノ性が弱いうえに、主体移動動作の働きかけを受けても何等かの変化をも生じていないため、「動作の働きかけの対象」として意識されにくい。だからといって、従来の研究のように「動作の働きかけの対象」とまったく異なる位置づけをされていてはいけない。その「空間的対象」においては、主体移動動作の空間に対する働きかけと「既存の真の対象」における動作の対象に対する働きかけとの間に、類似性を持っている。その類似性は言語主体に認識され、概念的メタファーが発生する要因ともなっていると考えられている。したがって、言語主体の認知では、「空間的対象」が「既存の真の対象」としてメタファー的に捉えられ、「既存の真の対象」のヲ格表示が同様に「空間的対象」に応用されているわけである。その結果、「既存の真の対象」から「空間的対象」への拡張が成立し、「空間的対象」もヲ格表示が可能になったのである。

7.2 「空間的対象」の下位分類

以上、ヲ格名詞の「空間的対象」という意味役割においては、空間と主体移動動詞との間に、一種の働きかけられと働きかけの意味関係が形成されていることが明らかとなった。「空間的対象」も、言語主体の認知では、一種の働きかけられとして捉えられる。その「空間的対象」を細かく区別すれば、さらにいくつかの用法に分けることができる。

先行研究によれば、いわゆる「場所」の意味役割は一般的に、「経路」と「起点」に分けられる（益岡・田窪（1992)、菅井（1998)、石綿（1999)、森山（2005)、岡（2007）など)。また、「経路」と「起点」だけではなく、「経路」、「経由点」、「起点」という三つに分けられるとする考え方もある。たとえば、杉本（1995)によれば、次の（7-8）a～（7-8）c の下線部におけるヲ格名詞の意味役割は、それぞれ「経路」、「経由点」、「起点」という三つに区別される。

(7-8)[①]a 選手がトラックを走った。（経路）
　　b 先頭集団が中間地点を通過した。（経由点）
　　c 選手たちが国立競技場を出発した。（起点）

一方、加藤（2006）は、ヲ格のいわゆる「場所」の意味役割を、離格と経路格に分けている。また、経路格は通過点・通過空間、移動経路、移動領空間に分けられるともしている。後者の分類に関しては、具体的には次のように示している。

(7-9) 移動行為の範囲＜移動空間　　……移動領域
　　移動行為の範囲＝移動空間　　……移動経路
　　移動行為の範囲＞移動空間　　……通過空間
　　移動行為の範囲＞＞＞移動空間（極小）……通過点

以上をまとめると、次の表になる。

表 7-1　先行研究によるいわゆる「場所」の意味役割の下位分類

<table>
<tr><td></td><td colspan="5">「場所」の意味役割の下位分類</td></tr>
<tr><td>菅井（1998）、森山（2008）など</td><td colspan="4">経路</td><td>起点</td></tr>
<tr><td>杉本（1995）など</td><td colspan="2">経路</td><td colspan="2">経由点</td><td>起点</td></tr>
<tr><td>加藤（2006）など</td><td>移動領域</td><td>移動経路</td><td>通過空間</td><td>通過点</td><td>離格</td></tr>
</table>

この表から、加藤の分類は、極めて詳細であることがうかがえる。例えば、(7-10)を見られたい。

(7-10)a マウスでコントロールされるように、規則的に進行

① 例文は杉本（1986）より引用。

し、いくつかの駅を通過していく。(1999『東京マニアック』泉麻人)

　　b JR 各社は日本各地の交通要所を走っているのに、私鉄に比べると関連産業への進出がまだまだ遅れている…(1997『国鉄民営化は成功したのか』大谷健)

(7-10)a と(7-10)b の下線部におけるヲ格名詞は、菅井や森山の分類に従えば、ともに「経路」に入れざるを得ないのに対し、加藤の分類基準では、(7-10)a と(7-10)b それぞれは、「通過点」と「移動領域」という異なる分類に入れられている。また、杉本の基準に従うならば、(7-10)b は、「経路」と考えざるを得ないが、「交通要所を走る」の「交通要所（を）」は、「経路」と受け取るのは適切でないと考えられるため、加藤の分類が最も詳細で正確であるといえよう。

しかし、加藤の分類に従うならば、(7-11)の下線部におけるヲ格名詞は共に「通過点」に入れなければならなくなる。

(7-11)a 正面玄関を入った右手にある案内図で確認し、そのまま階段を上がった。(2002『15 秒』安東能明)

　　b ニューグランドからは、海岸通りを歩いて五分。玄関を通って、受付にたずねると、二階の広報へ行ってくれとのこと。(1986『建築探偵の冒険』藤森照信)

本研究では、(7-11)における二つの「玄関（を）」は動詞の意味特性により、その意味役割が異なると考えている。

(7-11)a の下線部は「玄関」を境界に、「玄関外」から「玄関内」へと一方向的に移動することを示すものである。そして、「玄関内」は「玄関」そのものも含めて一種の閉鎖された空間として捉えられる。動作主はこれ以上その閉鎖された空間を出ない。図 7-5a に示すとおりである。影は玄関を示し、点線の立体図形は言語主体の概念世界で形成された閉鎖空間である。それに対し、(7-11)b の下線部は、「玄関」の片方から片方への移動を表すものである。前後の文脈なしでは、「玄関内」から「玄関外」への移動なのか、それとも「玄関外」から「玄関内」への移動なのかを判別することはできない。「玄関内」も閉鎖された空間として捉えられなくてもよい。図 7-5b に示す通りである。影は玄関を示す。ただし、言語主体の概念世界では、その玄関の内の方に閉鎖空間が形成されていないため、図 7-5a のような点線の立体図形が描かれていないのである。

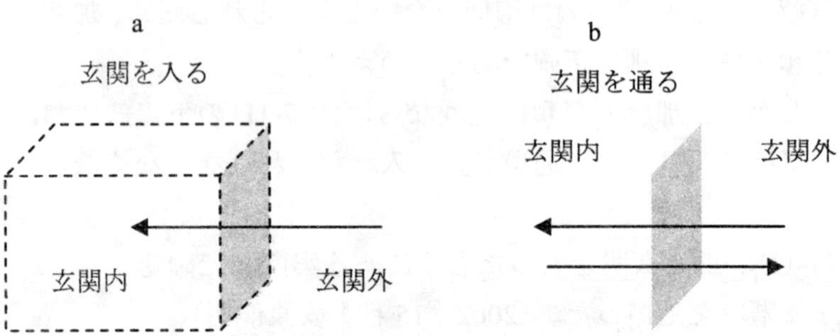

図 7-5

以上の説明から、(7-11)a と(7-11)b の「玄関（を）」は違うものであることがわかった。先行研究の分類に従い、「通過点」という一類に入れられるのは不適切であると言えよう。(7-11)の用例をきちんと区別するため、本研究ではヲ格名詞の「空間的対象」の意味役割に関し、以下のような分類を行う。前節でもわかるように、主体移動動詞は空間名詞に移動の働きかけを与えている。主体移動は、動詞の意味特性により、「通過的移動」、「離脱的移動」、「進入的移動」、[経由的移動]、「方向的移動」といったような下位分類が可能である。本研究では、「空間的対象」を「通過的移動の働きかけを受ける空間的対象」、「離脱的移動の働きかけを受ける空間的対象」、「進入的移動の働きかけを受ける空間的対象」、「経由的移動の働きかけを受ける空間的対象」、「方向的移動の働きかけを受ける空間的対象」という五つに分けている。便宜上、それぞれを「通過の空間的対象」、「離脱の空間的対象」、「進入の空間的対象」、「経由の空間的対象」、「方向の空間的対象」と略称し、主体移動動作との意味関係を$ヲ_{4-1}$、$ヲ_{4-2}$、$ヲ_{4-3}$、$ヲ_{4-4}$、$ヲ_{4-5}$と表記する。

表7-2　本研究におけるヲ格の「空間的対象」の下位分類

ヲ格名詞の意味役割	通過的移動の働きかけを受ける空間的対象	離脱的移動の働きかけを受ける空間的対象	進入的移動の働きかけを受ける空間的対象	経由的移動の働きかけを受ける空間的対象	方向的移動の働きかけを受ける空間的対象
略称	通過の空間的対象	離脱の空間的対象	進入の空間的対象	経由の空間的対象	方向の空間的対象
ヲ格名詞と主体移動動作との意味関係	$ヲ_{4-1}$	$ヲ_{4-2}$	$ヲ_{4-3}$	$ヲ_{4-4}$	$ヲ_{4-5}$

次に、「空間的対象」の下位分類を詳しく考察する。

7.2.1　通過の空間的対象

ヲ格名詞で表されている「通過の空間的対象」は、主体移動動詞から通過的移動への働きかけを受けている。「通過的移動」は、空間の一方から他方へと、全空間を通り抜けていると捉えられる。前述したように、「通過の空間的対象」と主体移動動作との意味関係をヲ$_{4-1}$で表示する。図 7-6 はヲ$_{4-1}$を示す。矢印は、「通過的移動」という行為を表し、立体図形は空間を表している。

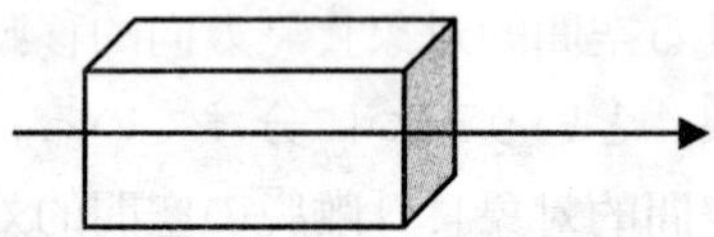

図 7-6　ヲ$_{4-1}$のイメージ図

本研究では、『日本語基本動詞用法辞典』におけるヲ格を共起させる 457 個の動詞を対象に、主体移動動詞であると思われる 36 の動詞を抽出した。その 36 の動詞の中で、「通過の空間的対象」を共起させるものは、「通る」、「抜ける」、「通過する」、「渡る」、「過ぎる」、「越える」の 6 つが挙げられる。以下、具体的な用例を見てみよう。

(7-12) a 東京に居った時でも蕎麦屋の前を通って薬味のにおいを嗅ぐと、どうしても暖簾がくぐりたくなった。(1906『坊ちゃん』夏目漱石)

b 三人は、前庭を抜けて、玄関へやって来ると、荷物を下へおろした。(1982『女社長に乾杯』赤川次郎)

c そのうちに問題の列車のあとで、A 駅を通過した列車が B 駅へ入ってくる。(2005『怪人と少年探偵』江戸川乱歩)

d 私は、女の子と鉄橋を渡って逃げなきゃと思うけど、谷底に吸い込まれそうで怖くて渡れない。(2004『月刊 MOE』酒井駒子)

e 羽田を過ぎて京浜工業地帯の火が見えてきた頃、フロントグラスにぽつぽつと雨が落ち始めた。(1979『四季・奈津子』五木寛之)

f 中国の僧たちは、仏法を求めて、山を越え、谷を渡って、馬や徒歩でインドまで旅したじゃないか。(1998『新・人間革命』池田大作)

(7-12)a の下線部では、「蕎麦屋の前（を)」は、主体移動動詞「通る」との共起により、空間的対象と考えられ、「通る」動作から通過的移動の働きかけを受けている。「通る」という移動動作が始まる前に、動作主は空間的対象である「蕎麦屋の前」の外に存在し、それから、一方向に向って「蕎麦屋の前」を通っている。「通る」動作が終わっても、動作主は依然として、「蕎麦屋の前」という範囲の外にいる。このような移動は、空間の全体を通過すると考えられる。(7-12)b では、「前庭（を)」が空間的対象であると考えられ、「抜ける」という動作から通過的移動の働きかけを受けている。動作主は、移動が始まる前に、前庭の片側に存在し、前庭全体を通り抜けることにより、前庭の向こう側に着いている。(7-12)a と同じように、通過という移動作用が働いた結果、移動動作が始まる前と終わった後、動作主が共に空間的対象である「前庭（を)」の外に存在する。(7-12)c では、同じように、「駅（を)」は、空間的対象であると考えられ、「通過する」という動作から通過的移動の働きかけを受けている。動作主が「駅（を)」の片側から、駅全体を通過して、駅の向こう側に行っている。これも、(7-12)a、(7-12)b と同様に、移動動作の空間的対象への働きかけを、全体の通過的移動と見なすことができる。(7-12)d において、「渡る」という移動動作が空間的対象である「鉄橋（を）」に働きかけている。動作主が、「鉄橋」の片方からもう一方へ渡り、「鉄橋」全体を通過している。「渡る」という動作が始まる前と終わった後で、動作主が共に空間の外に存在するため、全体の通過的移動であると考えることができる。(7-12)e では、同様に、「羽田（を）」が、空間的対象であると考えられ、「過ぎる」という動作から通過的移動の働きかけを受けている。「過ぎる」という通過的移動が始まる前と終わった後で、動作主が、共に空間的対象である「羽田（を）」の外に存在するため、「羽田（を）」への働きかけは、全体の通過的移動として考えることができる。(7-12)f でも、同様に、「山（を）」が、空間的対象であると考えられ、「越える」という動作から通過的移動の働きかけを受けている。そのような移動が始まる前と終わった後で、動作主が「山（を）」という空間的対象の外にいるため、そのような移動は全体の通過的移動であると考えられる。

「通過の空間的対象」は、日本においては、専らヲによって表示される。そのため、ヲ$_{4-1}$とパラフレーズ[①]関係にある格助詞はないと考えられる。

7.2.2　離脱の空間的対象

ヲ格名詞で表されている「離脱の空間的対象」は、主体移動動詞から離脱的移動の働きかけを受けている。前述したように、「離脱の空間的対象」と主体移動動作との意味関係をヲ$_{4-2}$で表示する。ヲ$_{4-2}$では、主体移動動詞に意味的な制約が課せられることが大きな特徴で、離脱や出発の意味を含

① 山梨（1994：105）によれば、パラフレーズ関係にある対は、一方が真ならば他方も真であり、両者の一方が真で他方が偽の文は矛盾した文になるということである。ただし、この種の関係にある格助詞が、意味的にみて厳密に同値であるわけではない。それぞれの格助詞には、表現主体が問題の状況に対し、投げかける認知的な視点ないしは解釈モードの違いが反映されている。

んだものが大多数である。その種の移動は、動作主が移動する前に、空間の中にある点で、「通過の空間的対象」とは異なっている。図 7-7 は、ヲ$_{4-2}$のイメージを示すものである。

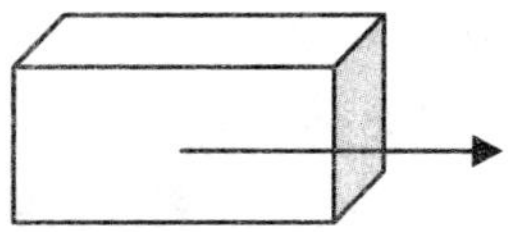

図 7-7　ヲ$_{4-2}$のイメージ図

矢印は、離脱的移動という行為を表し、立体図形は、空間を表している。「離脱の空間的対象」を共起させる移動動詞は、抽出された 36 の動詞の中で、「出る」、「離れる」、「出発する」、「立つ」、「逃げる」、「外れる」、「落ちる」、「下がる」、「降りる」の 9 つが挙げられる。

これから、ヲ$_{4-2}$の用法と考えられる例を考察する。

(7-13)a それから学校を出て、すぐ宿へ帰ろうと思ったが、帰ったって仕方がないから、少し町を散歩してやろうと思って、無闇に足の向く方を歩き散らした。(1906『坊ちゃん』夏目漱石)

b 彼女は片時もルールのそばを離れず、愛情をこめて彼の看護をした。(2005『美しい悲劇』小林町子)

c 十三回ロスアンジェルス・オリンピックに向け、聖火ランナーが激しい雨のニューヨークを出発した。(2002『三浦和義事件』島田荘司)

d テレビ局に戻ってから部屋に入ると、同僚の半分はすでに席を立っており、他の者は気せわしげに電話で話中だった。(1993『蘭の皮膜』嵐山光三郎)

e 私はいつでも学年試験の済むのを待ちかねて東京を逃げました。(1914『こころ』夏目漱石)

f そういえばガキの頃よくここで遊んだななどと思いながら立ち止まり、僕は道を外れて入口に近寄った。(2005『雪の夜話』浅倉卓弥)

g 利明たちは階段を落ちるようにして駆け降りていった。(1995『バラサイト・イヴ』瀬名秀明)

h 十兵衛は、四年前まで家光の小姓のひとりだったのだ。それが小姓を辞退して、城を下がった。(2004『大奥秘交絵巻春日局』峰隆一郎)

i 新大久保の駅で電車を降りて、新宿方面に向かって歩いた。(2004『幻世の祈り』天童荒太)

(7-13)a の下線部では、「学校(を)」は、立体図形の形をしている空間的対象に該当する。「出る」という離脱的移動が行われる過程は、「学校(を)」という空間的対象への働きかけであると考えられる。ただし、「出る」という離脱的移動が始まる前に、動作主は空間的対象である「学校(を)」の中に存在し、「出る」という離脱的移動が終わった後、「学校(を)」の外に来ているため、空間的対象への離脱的移動の働きかけであると考えられる。(7-13)b の下線部では、動作主は離脱的移動をする前に、該当する空間的対象である「ルールのそば(を)」の中に存在しなければならない。離脱的移動が終わった結果、動作主が「ルールのそば(を)」の外に来ている。「ルールのそば(を)」は、「離れる」という離脱的移動動作からの働きかけを受けている。(7-13)c においては、「ニューヨーク(を)」は、「出発する」動詞との共起により、言語主体の認知では、空間的対象であると想定される。「出発する」という離脱的移動動作の働きかけにより、動作主が「ニューヨーク（を）」という空間的対象の中から外へと移動していると考えられる。(7-13)d においては、「立つ」という離脱的移動動作の働きかけにより、動作主が「席（を）」という空間的対象の中から外へと移動することが考えられる。(7-13)e では、同様に、「逃げる」という離脱的移動動作の働きかけにより、動作主が「東京（を）」という空間的対象の中から外へと移動することが分かる。(7-13)f においては、「道（を）」が空間的対象であると考えられる。「外れる」という離脱的移動動作が始まる前に、動作主はそのような空間の中にいる。「外れる」という動作が進行する過程は、空間的対象である「道（を）」への働きかけであると考えられる。移動した結果、動作主が「道（を）」の範囲外に来ている。(7-13)g では、動作主は、「落ちる」という離脱的移動動作の働きかけにより、空間的対象である「階段（を）」の中からその階段外へ移動すると捉えることができる。(7-13)h も同様に、動作主は、「下がる」が始まる前に、「城（を）」という空間的対象の中に存在し、「下がる」が終わった後、空間的対象の外に存在すると考えられる。そのような過程は、「下がる」の空間的対象である「城」への働きかけであると考えられる。(7-13)i においては、「降りる」という離脱的移動動作は、空間的対象である「電車（を）」に働きかけを与えている。動作主は、移動する前には、「電車（を）」の中に、移動した後には、「電車（を）」の外に存在すると考えられる。

以上の用例からわかるように、ヲ$_{4-2}$は、離脱的移動の働きかけを受ける空間的対象と主体移動動作との働きかけられと働きかけの意味関係を表示するものである。それは、「起点」を表示する格助詞カラとは基本的にパラフレーズ関係にあると考えられる。以下、ヲ$_{4-2}$とカラとの違いを認知的見地から考察していこう。

7.2.2.1　格助詞カラとヲ$_{4-2}$の違い

まず、次の例を見られたい。

(7-14) a 太郎が部屋（を・から）出た。
b 太郎が東京（を・から）出発した。（作例）

(7-14)の例では、格助詞カラとヲによって示される表現は、従来の先行研究ではいずれも「起点」としての意味役割が与えられている。すなわち、ヲとカラはパラフレーズ関係にあると考えられる。カラとヲの互換性は、(7-14)の表現を見る限りでは問題は見当たらないが、常に互換できるわけではない。例えば、加藤（2006）は、次の例を挙げることにより、カラとヲの文法性の違いを説明している。

(7-15) a テレビ（＊を・から）離れなさい。
b テレビの前（を・から）離れなさい。（P158）

(7-15) a はヲが不適切であり、カラが適切であるのに対し、(7-15) b はヲもカラも適切である。その理由に関し、加藤は「表示する名詞句の場所性が不明確であれば、カラは使えるが、ヲは使えない」と述べている。

加藤の指摘は確かなことであるが、なぜ「名詞句の場所性が不明確であれば、カラは使え、ヲは使えない」のかについては言及していない。

本研究も、認知的な視点から見るならば、同じ「起点」の意味役割を表示するのに際し、認知のレベルにおいては、カラとヲの意味は異なると考えられる。すなわち、ヲで表示される場合と、カラで表示される場合とでは、言語主体の異なる認識が反映されているということである。(7-15)a におけるヲは使えず、カラは使える原因に関し、本研究では以下のように説明する。

「～～を離れる」という場合、図 7-7 のように、「離れる」という主体移動動詞が要求するヲ格名詞は空間的対象として把握されるものである。空間的対象は「離れる」という離脱的移動動作の働きかけを引き受ける。動作主は「離れる」前に、空間的対象の中に存在し、「離れた」後、空間的対象の外に来ているはずである。その意味では、「離れる」が「テレビ(を)」を共起させる場合、「テレビ（を)」は空間的対象であると捉えられる。そして、「離れる」という移動動作は始まる前に、動作主は空間的対象である「テレビ（を)」の中に存在していなければならない。テレビはモノ名詞であるため、動作主が「テレビ」の中にいることは考えられない。そのため、「テレビを離れる」という表現は不適切であろう。(7-15)b の場合、「テレビ」に「もと」を付け加えることにより、「テレビ」及び「テレビ」の周りが空間をなしていると考えることができる。そのため、主体移動が必要とする空間的対象が成り立ち、ヲで表示することが可能になるわけである。

ところで、カラで表示される「起点」のイメージ図は、杉村（2005）が述べているように、図 7-8 のとおりとなる。

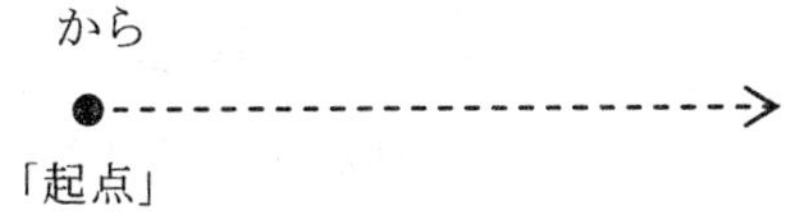

図 7-8

図 7-8 においては、左端の点は何らかの動きの「起点」を表し、矢印は、それが及ぶ方向を表している。図 7-8 からわかるように、カラで「起点」を表示する場合、言語主体の認知では、その「起点」を点として捉えられる。動作主が点の中に存在しなければならないという条件が課せられていない。そのため、(7-15)a の「テレビ」も(7-15)b の「テレビの前」も「離れる」という動作の起点であると考えることができ、どちらにおいても、カラで表示し得るのである。

以上の説明によって、ヲがいわゆる「起点」を表示する時、主体移動動作の空間的対象に働きかける認知が働いているため、ヲ格名詞が空間であることが要求される。その点においては、カラ格による「起点」の表示と異なることがうかがえた。

7.2.3 進入の空間的対象

ヲ格名詞で表している「進入の空間的対象」は、主体移動動詞から進入的移動の働きかけを受けている。前述したように、「進入の空間的対象」と主体移動動作との意味関係をヲ$_{4-3}$で表示する。図 7-9 は、ヲ$_{4-3}$のイメージを示す。

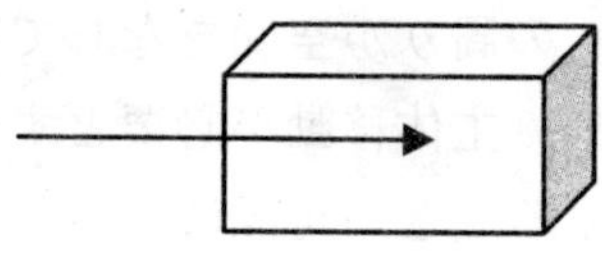

図 7-9 ヲ$_{4-3}$のイメージ

矢印は進入的移動動作を表し、立体図形は空間的対象を表している。動作主は、移動する前に、空間的対象の外に存在し、移動した後、空間的対象の中に存在する。「進入の空間対象」の用例はまれにしか見られない。選出された 36 の動詞において、進入の空間的対象を共起させる移動動詞は、「行く」、

「入る」という二つしかないことがわかった。そのため、加藤(2006)の分類にも杉本(1995)の分類にも考慮されず、まとめて「通過点」に入れたのであろう。

以下では、ヲ$_{4-3}$の用例を見ていこう。

(7-16)a 鶴岡近くまで出て、羽黒街道に入るほかないということだった。とにかく、その道を行ってもらうことにした。(1987『急行もがみ殺人事件』西村京太郎)

b テントは、競輪場の門を入って百メートルくらい進んだ右側の売店の、さらに右横にあった。(1984『修羅の群れ』大下英治)

(7-16)aの下線部では、「道(を)」は、目的地ではなく、立体図形の形をしている空間的対象であると考えられる。そのような空間的対象は道の面、および人の身長と体の広さからなっている。「行く」という移動が行われるプロセスは、「道(を)」という空間的対象への働きかけであると言える。「行く」という動作が始まる前に、動作主が空間的対象である「道(を)」の外に存在し、「行く」という動作が終わった後、「道(を)」の中に来ている。(7-16)bでは、空間的対象と想定されるのは、「門」そのものではなく、「門」をはじめとする建物全体であることを指摘しなければならない。そのような空間的対象は、「入る」という進入的移動動作からの働きかけを受けている。移動動作が終わった結果、動作主が空間の中に来ている。

以上の用例からわかるように、ヲ$_{4-3}$は、進入の空間的対象と主体移動動作との働きかけられと働きかけの意味関係を表示するものである。それは「着点」を表示する格助詞ニとは基本的にパラフレーズ関係にあるものと考えられる。以下、ヲ$_{4-3}$とニの違いを認知的な見地から見ていこう。

7.2.3.1　格助詞ニとの違い

(7-16)の例文の下線部では、主体移動動詞「行く」、「入る」は、ニ格を要求するのは普通である。それは、動作主が空間外から空間内への移動プロセスに関し、到着点に焦点が置かれ、到着点を表す格助詞ニを使うのがほとんどだからである。森山（2008 : 84）は、その種の移動を「着点への移動」とし、着点が想起され、ニ格で表されると指摘している。

確かに、(7-16)のような用例は、ヲをニと入れ替えても成り立つことは成り立つが、認知的な視点から見れば、ヲとニの場合は、同値ではない。格助詞の使い分けは、言語主体の事態に対する把握の仕方の違いが反映されていると考えられる。ここでは、まず格助詞ニのイメージ図を見よう。

杉村（2005）は、格助詞ニのイメージとして、次のような図を描いている。

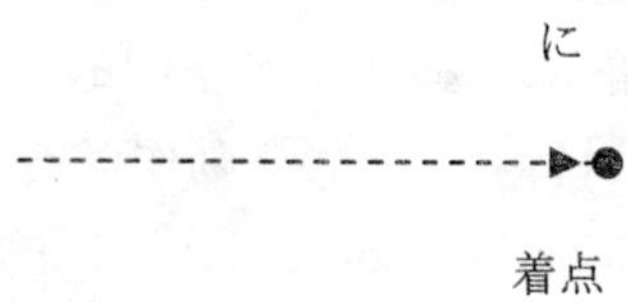

図 7-10

図 7-10 において矢印は何らかの動きを表し、右端の点は行為が結果に及ぼす（着点）を表している。図 7-9 と図 7-10 を比較してみれば、ヲ$_{4-3}$は、主体移動と空間のイメージが想起されるのに対し、ニは着点のイメージが強調されている。(7-16)b を例にとって説明する。

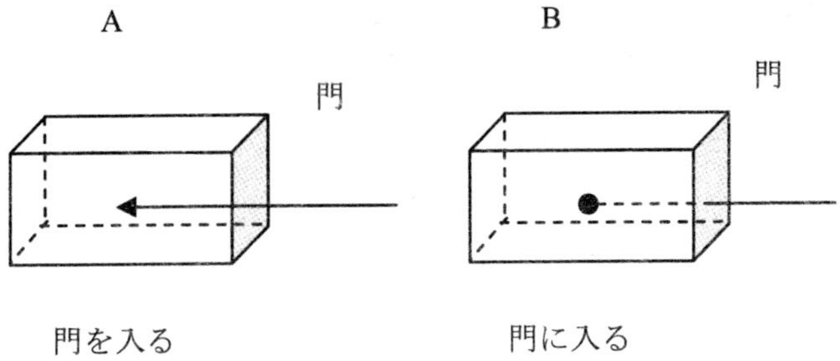

図 7-11

図 7-11 では、立体図形の影の面は、門を表している。「門を入る」という場合、上述したように、門及びそれと接続している建物が空間を形成している。「門を入る」は、進入的移動動作の空間的対象への一種の働きかけであるため、「門」という境界に入ってから、一定の距離の移動が必要となる。したがって、図に示されているように、影の部分に入って、しばらく移動が続いている状態が想定される。それに対し、「門に入る」場合は、動作主が移動した経路ではなく、到着点に注目されている。図に描かれているように、動作主が移動した経路が脱線で表示されている。まとめて言えば、ヲの場合、進入的移動動作が空間的対象に働きかけることは一定の距離の移動を要求するのに対し、ニの場合、一定の距離を移動していながらも、その移動した距離は無視されているといえよう。

7.2.4　経由の空間的対象

ヲ格名詞で表されている「経由の空間的対象」は、主体移動動詞から経由的移動の働きかけを受けている。前述したように、「経由の空間的対象」と主体移動動作との意味関係をヲ$_{4-4}$で表示する。主体移動動作は、空間的対象に経由的移動の働きかけをしながら、空間的対象で示されている所を移動の範囲としている。それを図で示せば、図 7-12 のようになる。矢印は、経由的移動の行為を表し、立体図形は空間を表している。

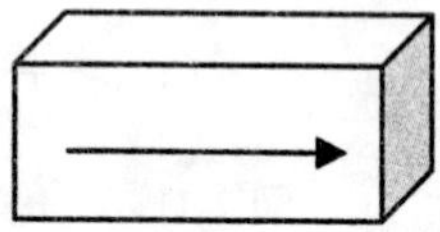

図 7-12 ヲ$_{4-4}$のイメージ図

経由の空間的対象を共起させる移動動詞は、選出された 36 の動詞の中で、「旅行する」、「泳ぐ」、「歩く」、「走る」、「駆ける」、「散歩する」、「飛ぶ」、「上がる」、「進む」、「下る」、「曲がる」、「伝う」、「流れる」、「滑る」、「登る」、「這う」、「回る」、「移る」と、18 程も挙げることができる。以下に、これらの動詞を用いた例を挙げる。

(7-17) a モモが、みどりの海を泳ぎながら、大声をあげました。(2004『フンダバー』くぼしまりお)

b それから一時間、私たちは一語も交へずに公園を歩いたのだ。(2003『編年体大正文学全集』藤沢桓夫)

c その樺色の車には街を走っている様々の車の様子と少しもちがった感じはないのだった。(1995『妖術記』河野多恵子)

d 妙は、母が白髪を逆立て、雪原を駆けていく姿を想像した。(2000『山妣』坂東真砂子)

e 二十二日の夕方、庭を散歩していた姑が突然「めまいがする」と言って倒れ、まさかということも考えられたの

で…(2000『繭の密室』今邑彩)

f 明治神宮方面に帰っていくのか、鳥の群れが青みの増した夕空を飛んでいくのが見える。(1991『アナタの年頃』永倉萬治)

g 学生時代にヨーロッパを旅行して、ボルドガルにすっかり魅せられ、ボルドガル語を一年ほど学んだ。(1987『地の崖幻の湖』田中光二)

h でも怒りのあまりその時は痛みを感じなかったらしく、また階段を上がってきて、兄と私を引っ張るようにして階下へ連れていき、暖炉へ閉じ込めたのです。(2001『柘榴館』山崎洋子)

i ヘッドライトを上向きに、雨の山道を進むのですが、不安な気持ちはますます強くなってゆきます。(2002『闇色のソプラノ』北森鴻)

j 十分ほど経つと、源さんたち卒園者のみなさんが玄関に姿を現し、話をしながら坂を下っていきました。(2003『夜盗』なかにし礼)

k「あのう、運転手さん、そこの角を曲がってホームセンターに行っていただきたいのですが。」(2003『さよなら』森青花)

l 裕也は自分に発破をかけて部屋を出て、ベランダから屋根を伝って隣のアパートへ向かった。(2001『Stay gold』久和まり)

m ところが、潮がカーキーネス海峡を通る時には、水車用流水溝を流れる水のように速くて、私がつまずいて水中に落ちたのは、そうした満潮時だったのだ。(1986『ジョン・バーリコーン』辻井栄滋)

n まるで沢山の提灯をつけた巨大なお祭りの山車が海

上を滑っているようだった。(1997『桃色浄土』坂東真砂子)

o 雄大な仁王門をくぐり急な石段を降りようとするとき、一人の人物が石段を登ってきた。(1999『百観音殺人巡礼』樋口正洋)

p 浪人たちは道を這いながら逃げようとしたが、苦痛に堪えかねるように、地に伏した。(2005『龍馬』津本陽)

q 彗星は、長大な軌道に沿って太陽を回っている。(2004『氷の科学』前野紀一)

r ①「開いてたの、バレたかな?」だから、部屋を移ったんだろうか?(2005『振り返れば先生がいる』響野夏菜)

②母親が九九年十一月に脳出血で植物状態になって以降、五つの病院を移った。(2001『読売新聞朝刊 2001/8/6』読売新聞東京本社)

(7-17)a では、「海(を)」は、空間的対象として、「泳ぐ」という経由的移動動作からの働きかけを受けている。「泳ぐ」という動作の働きかけは、「海」以外に及ばない。ここでは、「海」全体を泳ぐことは普通ありえないと考えられるので、「海」の一部に「泳ぐ」という動作の働きかけが及んでいると考えられる。(7-17)b では、空間的対象である「公園(を)」は、「歩く」という移動動作からの働きかけを受けている。動作主の歩行は、「公園」の外に出ることはない。ここでは、「歩く」という移動動作は、「公園」全体ではなく、「公園」の一部に働きかけると考えられる。(7-17)c では、同様に、「街(を)」は空間的対象と考え、「走る」という移動動作に働きかけられている。「走る」という移動動作は、「街」の一部に働きかけていて、「街」の外に出ることはない。(7-17)d と(7-17)e は、上述とだいたい同じような解釈をすることができる。また、

(7-17) f では、空間的対象と考えている「夕空（を）」は、境界のない無限の存在であると考えられる。「飛ぶ」という経由的移動動作は、どんなに行われても、「夕空」の外に出ることはない。(7-17) g では、「ヨーロッパ（を）」は空間的対象として「旅行する」という経由的移動動作から働きかけを受けると捉えられる。「ヨーロッパ」を「旅行」しても、「ヨーロッパ」の隅々まで旅行するとは考えられないため、「ヨーロッパ」の一部だけに「旅行する」の働きかけが及んでいると考えられる。このように、(7-17) a～(7-17) g では、経由的移動動作が空間的対象の一部に働きかけることを、共通の特徴として考えている。それらを図で示すと、図 7-13 のようになる。

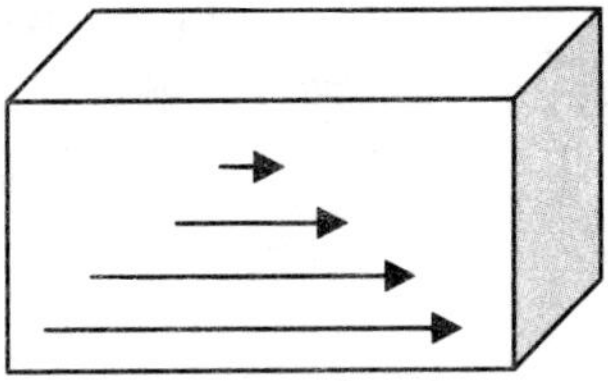

図 7-13

図 7-13 の長い矢印は、経由的移動動作の働きかけが、空間的対象のかなりの部分に及んでいるのに対し、短い矢印は、移動動作の働きかけが、空間的対象の一部にしか及んでいないことを意味している。移動動作の働きかけが、どれほど空間的対象に及んでいるかは、言語主体の主観にかかっていることも確かであるが、意味的には図 7-13 のような区別が存在すると考えられる。

また、(7-17) h～(7-17) r の例は、経由的移動動作の働きかけが、空間的対象の外に出ない点においては、(7-17) a～

(7-17)g と同様であるが、経由的移動動作が空間的対象のすべてに働きかける点において性質を異にしている。(7-17)h の「上がる」という経由的移動動作は、空間的対象である「階段（を）」のはじめから終わりに働きかけていることがわかる。(7-17)i も空間的対象である「山道（を）」全体は、「進む」という経由的移動動作の働きかけを受けると考えられる。(7-17)j では、「下る」という経由的移動動作は、空間的対象である「坂（を）」の一方から他方にかけて、そのすべてに働きかけると考えることができる。(7-17)k～(7-17)p の例も、以上と同じように説明することができる。また、(7-17)q については、移動動作である「回る」は、「太陽」そのものに働きかけるのではなく、「太陽」の周辺が形成されている空間に働きかけている。図 7-14 に示すように、「回る」という移動動作が斜線で表わされている部分に働きかけていると考えられる。

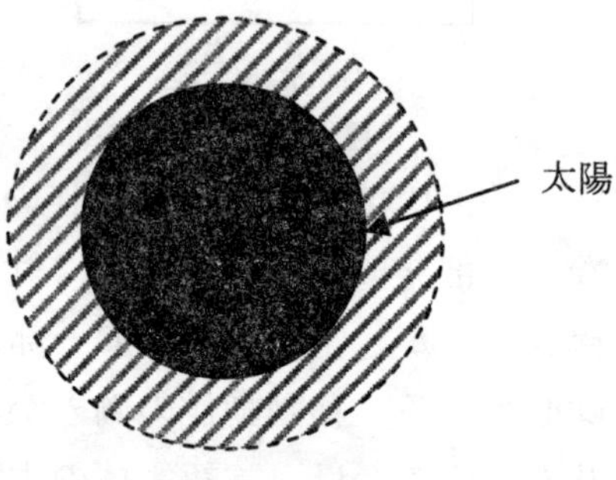

図 7-14　太陽を回る

(7-17)r では、「移る」を用いた用例が二つ挙げられている。ヲ格名詞である「部屋」、「五つの病院」が「経由の空間的対象」という説明は、一見ちぐはぐな印象を受けるかもしれないが、以下では図を挙げながら説明してみよう。

(7-17)r①に関しては、図 7-15 に示すように、「部屋 a」と「部屋 b」は異なる部屋を示している。ここでは、「部屋を移る」は、動作主が「部屋 a」から「部屋 b」へと移動することを想定している。「移る」という動作を行う際、矢印が示されているような動作主の動きが考えられる。そのような動きは直線的でもよいが、無秩序でもよい。言語主体の認知には、打線で描かれているような部分が移動の働きかけの空間的対象として形成されている。「移る」という動作は、そのような空間的対象のすべてに働きかけを与えていると捉えることができる。

図 7-15　部屋を移る

また、(7-17)r②に関しては、図 7-16 に示すように、「病院」が複数存在しており、それらを区別するために、それぞれ数字をつけている。そこに「移る」順序が存在すると考えられる。「病院」と「病院」の間に、打線で描かれている部分が移動の働きかけの空間的対象として形成されている。「移る」という経由的移動動作は「病院 1」から「病院 5」までの間に形成された空間的対象に働きかけると捉えられる。

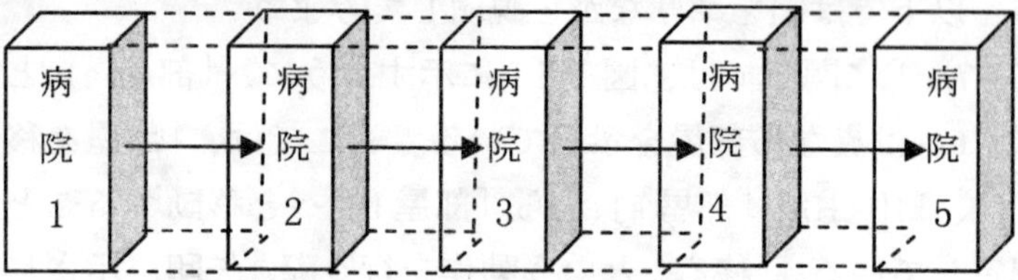

図 7-16　五つの病院を移る

以上、(7-17)h～(7-17)r の例では、空間的対象のすべてが移動動作の働きかけを受けることがわかる。図 7-17 はそれを示している。矢印の線は、経由的移動動作を示している。移動動作は、立体図形で示されている空間的対象の全体に働きかけている。

図 7-17

デとの違い

ヲ$_{4-4}$の用法は、従来の研究において、行為の場所を表すデとの違いがしばしば取り上げられている。例えば、久野(1973) は、運動が行われる場所を表すことのできるヲを取り上げ、その場所を表す名詞がデで表示された場合との意味の違いを考察している。それについて、以下のような分析を試みる。

(7-18) a　川を泳ぐ
　　　b　川で泳ぐ

(7-18)a の文では、川を渡る、あるいはかなりの距離を一直線に泳ぐということを意味するのに対し、(7-18)b の文では、川のある範囲で泳ぐということを意味すると説明している。本研究においては、そのような違いは距離の長さではなく、言語主体の認知において、移動動作の働きかけの対象である「川（を）」がどのように捉えられているかによるものである。

ここでは、まず杉村（2005）が描いているデの想定図を取り上げよう。図 7-18 に示す通りである。

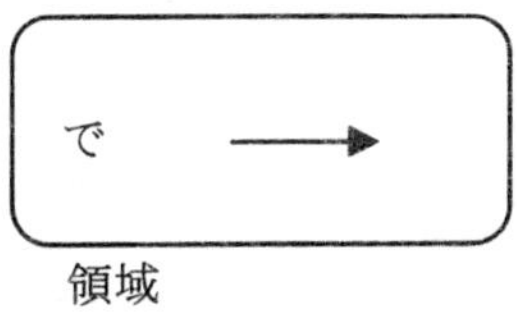

図 7-18

図 7-18 は、矢印で表された何らかの移動が、四角で囲まれた「領域」の中で行われることを表している。これは、(7-18)a における「川」を経由の空間的対象として考えるのと対照的である。つまり、ヲは、主体移動が働きかける空間的対象を表すのに対し、デは、移動行為の遂行場所を表すという違いがあるということである。「川を泳ぐ」では、動作主が泳ぐことは、手足で水をかいたりして川を移動することである。動作主の移動は、「川（を）」に働きかけるプロセスとして捉えられる。「川で泳ぐ」では、「川（で）」は二次元的平面と捉えられるため、「泳ぐ」という動作の行われる場所であるといえよう。たとえ「泳ぐ」動作は移動を伴わなくても「川で泳ぐ」も成立すると考えられる。このように、両者の違いは、「川」のような「移動の場所」を空間的対象と考えるか、二次元的

平面と考えるかという話し手の認知の仕方に起因していると考えられる。

7.2.5　方向の空間的対象

ヲ格名詞で表している「方向の空間的対象」は、主体移動動詞から方向的移動の働きかけを受けている。前述したように、「方向の空間的対象」と主体移動動作との意味関係をヲ$_{4-5}$で表示する。ヲ$_{4-5}$では、主体移動動作は、空間的対象を方向としていながら、空間的対象に達していないことが特徴である。動作主がどんなに移動しても空間の外を移動するだけで空間の内に入ることはない。それを図で示すと、図7-19のようになる。

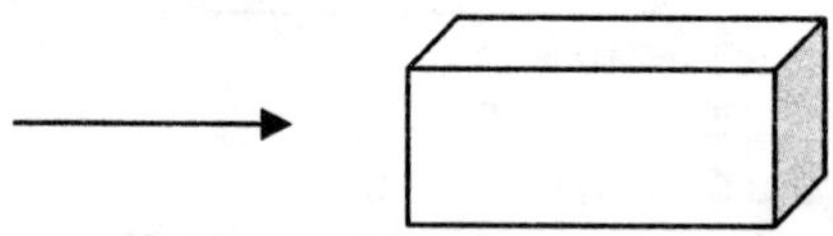

図7-19　ヲ$_{4-5}$のイメージ

矢印は、方向的移動の行為を表し、立体図形は空間を表している。「方向の空間的対象」を共起させる主体移動動詞は、選出された36の動詞の中に、「向く」という一つしかないことがわかった。「向く」を用いた例を見てみよう。

(7-19) a 源内は言いかけたが、その瞬間、<u>庭を向いた</u>重位の顔に、ぞっとするような妖気が走ったのを見て、思わず黙った。(2002『双眼』多田容子)

b「そうか…命の恩人というわけだな」そして、男はゆっくりと<u>夏木の方を向いた</u>。(2003『ネオクーロンA』鷹見一幸)

c キャサリンは足音に気づいていないらしく、<u>下を向</u>

いて熱心に朝食の用意をしている。(2005『月影のレクイエム』皆川孝子)

(7-19)a では、ヲ格名詞である「庭（を)」は「向く」という方向的移動動作の働きかけの空間的対象である。「向く」という移動動作は「庭（を)」に働きかけを与えてはいるが、しかし、どんなに働きかけても、「庭（を)」がカバーする枠に入らない。すなわち、動作主が移動動作の行われる前にせよ、行われた後にせよ、「庭」の外にいることには変わりがない。(7-19)b、(7-19)c についても同じ説明が与えられる。

(7-19)の用例からわかるように、ヲ$_{4-5}$は、方向の空間的対象と主体移動動作との働きかけられと働きかけの意味関係を表示するものである。

7.3 「空間的対象」のその他

これまでヲ格名詞の「空間的対象」の用法に関する説明は、主体移動動詞が空間名詞を共起させる場合に限られている。しかし、実際のヲの用例には、主体移動動詞と共起するヲ格名詞は一見して空間名詞でないことがある。たとえば、(7-20)の用例を見られたい。

(7-20)a そしてやっと達した結論とは、党首の座を降りるが首相にとどまるということだった。(2004『世界で仕事をするということ』グロ・ブルントラント/竹田ヨハネセン裕子)

b 正確には走るというよりも、ひとの波を泳ぐといったかんじだが。(1994『犯人さがしで、宇宙旅行』田原一郎)

c そして宝石を強奪した。奪われた宝石の額は、二億

円を下らないらしい。(2001『彼岸の奴隷』小川勝己)

(7-20)の下線部において、「党首の座(を)」、「ひとの波(を)」、「二億円(を)」といったヲ格名詞は空間名詞ではないことは明らかであろう。それでは、それらの用例におけるヲ格名詞の意味役割は「空間的対象」であろうか、という問題が課題となる。結果を先取りして言えば、(7-20)の下線部におけるヲ格名詞は7.2で述べたものと同様で、「空間的対象」の意味役割に属する。具体的な分析は下記の通りである。

(7-20)aでは、「党首の座」は実際の居場所や位置ではなく、社会的地位を表す官職であるが、責任を果たすために、とどまる領域であると見てよいであろう。動作主は「降りる」動作が始まる前にそのような領域の中に存在し、「降りる」動作が終わった後、領域の外に存在すると見ることができる。「降りる」動作は、「党首の座」という責任を果たす領域に働きかけを与えていると考えられる。それは、「空間的対象」の下位意味項である「離脱の空間的対象」にあたり、ヲ格名詞と動詞との意味関係をヲ$_{4-2}$で表示すべきである。

また(7-20)bにおいては、「ひとの波」は、抽象的な空間的対象であると捉えることができる。「泳ぐ」という移動動作は、どんなに行われても、「ひとの波」がカバーする枠外に出たりはしないであろう。それは、「空間的対象」の下位意味項である「経由の空間的対象」にあたり、ヲ格名詞と動詞との意味関係をヲ$_{4-4}$で表示すべきと考えられる。

(7-20)c の下線部では、一見して、空間とは関係がないと思われるかもしれないが、実は、このような抽象的な数量変化も「空間的対象」と解釈できると考えられる。下記の図を見てみよう。

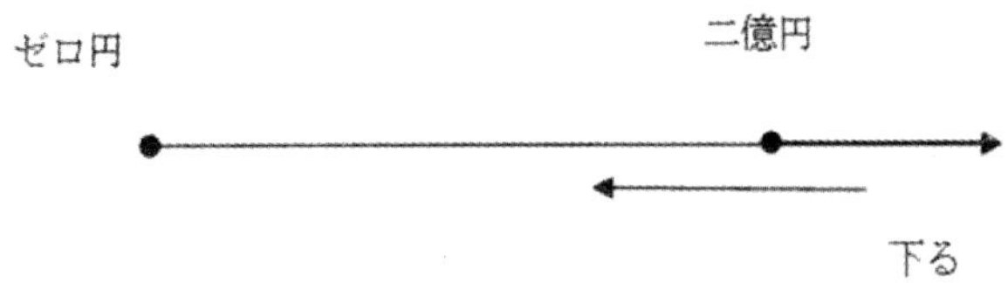

図 7-21

矢印の線は、金額が示される軸である。軸の右に行けば行くほど金額が大きくなるとしている。「下る」はもともと、高いところから低いところへの移動を表しているが、ここでは、金額の高いところから低いところへの移動とも考えられる。軸においては、「下る」は「二億円」の右側から左側への移動を意味する。そのような移動のプロセスは、「下る」という通過的移動の「二億円」への働きかけと捉えられる。「下る」移動が始まる前と終わった後とでは、動作主が共に「二億円」の外側に存在するため、(7-20) c におけるヲ格名詞は、「空間的対象」の下位意味項である「通過の空間的対象」にあたり、ヲ格名詞と動詞との意味関係をヲ$_{4-1}$で表示すべきである。

それらの用例では、いずれにしても、ヲで表示される名詞は言語主体の認知では、抽象的な空間的対象として捉えられている。そのため、主体移動動詞との間に、働きかけられと働きかけの意味関係が形成されており、ヲ格表示が可能になるわけである。

ヲ格名詞の「空間的対象」の用法としては、さらに次のような用例が挙げられる。(7-21) に示す通りである。

(7-21) a「つまりですね、艦長、おれ自身は、竹の小屋で米だけ食って人生を終わったって、ぜんぜんかまやしないって思うんですけどね」(1997『落日の香港』ダグラス・リーマン/大森洋子)

b[①]「お父さん、研究室を引退すれば、～」（1962『赤い毒の花』水上勉）

(7-21) a の用例においては、下線部の「終わる」は有対自動詞でありながら、ヲ格名詞を取っている。これは、自動詞なので、ヲ格と共起するのは不可だと教育現場ではしばしば取り上げられている。それらの動詞はヲ格名詞を共起させる場合には、どんな意味合いが含まれているかを、認知的な見地から説明していきたい。

(7-21) a では、「人生を終わる」の「人生」は、一定の意味づけを与えられている領域であると考えられる。そのような領域は、言語主体の認知では、一種の抽象的な空間として認識できている。「終わる」それ自体は「主体移動」の意味特性を有していないが、「人生」との共起により、抽象的な空間である「人生」の領域から離脱することを意味し、「終わる」は「主体移動」の意味合いを有するように認知されている。そのような用法は、「空間的対象」の下位意味項の「離脱の空間的対象」であり、ヲ格名詞と動詞との意味関係をヲ$_{4-2}$で表示すべきである。

また、(7-21) b については、仁田（2009）は「意味的に『研究室を止メル』に近い、「出どころ[②]」と「対象」の狭間に位置する存在である」と説明している。本稿では、それを「空間的対象」であると位置づけたい。

(7-21) b における下線部の「研究室」は抽象的な空間であると捉えられる。「引退する」前に、「研究室」の一員であり、つまり「研究室」の中の存在として認められるが、「引退」し

① これは仁田（2009：85）から引用された例文である。
② ここで言う「出どころ」は本稿の「離脱の空間的対象」にあたる。

た後、「研究室」の一員ではなくなり、「研究室」の範囲外となる。極端に言えば、たとえ「研究室」に入っていても、体が「研究室」の中に存在するものの、「研究室」に属するとはいえない。そのように「引退する」とは実体としての「研究室」を離れるのではなく、抽象的なものとしての「研究室」を離れるのであると考えることができる。その意味では、(7-21)b は「空間的対象」の下位意味項である「離脱の空間的対象」にあたり、ヲ格名詞と動詞との意味関係をヲ$_{4-2}$と捉えてよいであろう。

7.4　本章のまとめ

本章では、ヲ格名詞の「空間的対象」の意味役割について考察した。

まず、「空間的対象」という意味役割は「既存の偽の対象」、「非既存の対象」と同様にその本質は「動作の働きかけの対象」であるという本研究の立場を主張した。

次に、「空間的対象」の意味役割がメタファーという認知的なメカニズムにより「既存の真の対象」の意味役割から拡張されるプロセスを究明した。「空間的対象」においては、ヲ格名詞と主体移動動作との間にも働きかけられと働きかけの意味関係が形成された。ヲ格名詞は言語主体の認知では、一種の働きかけられとして捉えられる。ヲ格名詞と主体移動動作との意味関係は「既存の真の対象」におけるヲ格名詞と動作との間に形成された働きかけられと働きかけという意味関係との間に、類似性を持っている。そのような類似性は、言語主体に認知され、メタファー発生の基礎となった。その結果、メタファーが発生し、「既存の真の対象」は「空間的対象」へと拡張され、「既存の真の対象」を表示するヲも「空間的対象」を表示できるようになったわけである。

それから、「空間的対象」の下位意味項についても考察した。本章では、「空間的対象」を「通過的移動の働きかけを受ける空間的対象」、「離脱的移動の働きかけを受ける空間的対象」、「進入的移動の働きかけを受ける空間的対象」、「経由的移動の働きかけを受ける空間的対象」、「方向的移動の働きかけを受ける空間的対象」という五つに分け、それぞれを通過の空間的対象、離脱の空間的対象、進入の空間的対象、経由の空間的対象、方向の空間的対象と略称し、主体移動動作との意味関係をヲ$_{4-1}$、ヲ$_{4-2}$、ヲ$_{4-3}$、ヲ$_{4-4}$、ヲ$_{4-5}$と表記した。まとめてみると、次の図 7-22 のようになる。

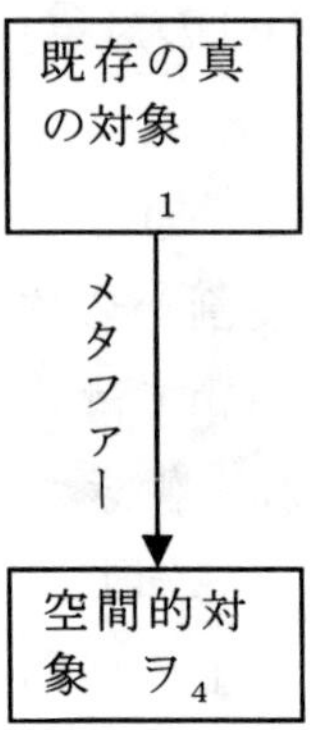

ヲの表記	ヲ格名詞の意味役割	イメージ図
ヲ$_{4-1}$	通過の空間的対象	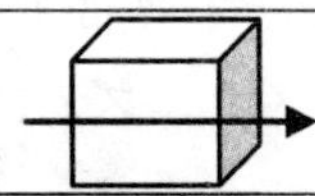
ヲ$_{4-2}$	離脱の空間的対象	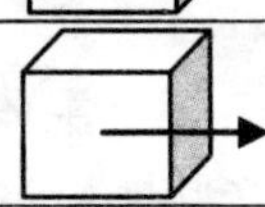
ヲ$_{4-3}$	進入の空間的対象	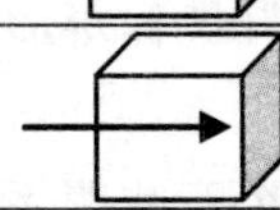
ヲ$_{4-4}$	経由の空間的対象	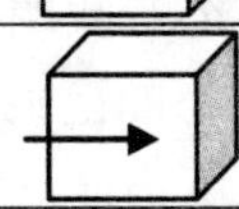
ヲ$_{4-5}$	方向の空間的対象	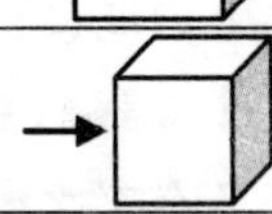

図 7-22

さらに、「空間的対象」の下位意味項とパラフレーズ関係にある他の格助詞との比較に関し、認知的な観点から考察を進めた。

以上がヲ格名詞の「空間的対象」の意味役割に関する考察である。

第 8 章　「時間的対象」について

前述したように、「既存の真の対象」はヲ格のプロトタイプであり、そこからメトニミーにより「既存の偽の対象」と「非既存の対象」へと拡張され、メタファーにより「空間的対象」へと拡張されたプロセスが確認された。また、それらの拡張プロセスは、すでに第 5 章から第 7 章の説明で明らかとなった。さらに、「既存の真の対象」は「既存の偽の対象」、「非既存の対象」、「空間的対象」との間に拡張関係を有していながら、どの意味役割においても、ヲ格名詞と述語動詞との間に、一種の働きかけられと働きかけの意味関係が形成され、ヲ格名詞は一種の働きかけられとして捉えられることを考察した。

それでは、ヲ格名詞の「時間的対象」の意味役割はどうであろうか。「時間的対象」はヲ格名詞の他の意味役割との間に関連性を有するのであろうか。また、どのような関連性を持っているのか、そのような関連性は言語主体の認知ではどのように捉えられるのであろうか、「時間的対象」を表示するヲ格名詞と述語動詞との間に働きかけられを働きかけの意味関係が形成されているのか、といったことが問題となる。この章では、主としてそういった問題をめぐって議論を進めていきたい。

8.1 認知的な見地からの先行研究

第 2 章で述べたように、「時間的対象」とヲ格の他の意味役割との拡張関係に関し、菅井(1998)、森山(2005)(2008)、岡(2005)(2007)では意見が分かれている。詳細は次の表 8-1 に示すものである。

表 8-1

	菅井説	森山説	岡説
拡張関係	空間から時間	対格から時格	経路から時間

菅井は「空間から時間」という隠喩的拡張によって、「空間」の意味役割が「時間」の意味役割へと拡張されることを提唱している。ただし、その拡張プロセスの説明については[①]深入りしていない。

森山は「対格から時格」への拡張プロセスについて次のように述べている。

> ヲ格の時の用法は、プロトタイプである対格の用法との間で「動作主(ガ格)を起点とする動力連鎖が結ばれ、その動力圏内(動力連鎖の終点)にある」というスキーマを共有しているのである。対格の用法と異なる点は、ヲ格が「モノ(参与者)」ではなく、「時」であるという点であり、その点は拡張されて理解されているのである。別の言い方をすれば、「時」が「モノ(参与者)」としてメタファー的にとらえられ、「モノ」的に扱われているのである。(P60)

森山は、メタファーによりヲの「対格」から「時格」への

① 詳細は本稿の第 2 章を参照されたい。

拡張を主張している。前述したように、メタファー発生の前提条件は類似性である。しかし、森山の論述では、「対格」と「時格」との類似性に触れていないようである。このように「時格」と「対格」との間にメタファーの発生を主張していながら、そのメタファー発生の基礎ともなる類似性に関し、説明していないという森山の論述は説得力が足りないと言わざるを得ない。

岡の「経路」から「時間」へと拡張されるという見方は一見して、菅井と同様に見えるが、実はそうではないようである。岡の見方は次の通りである。

> 「時間」用法は、「起点—経路—着点」のスキーマに対応する「開始—過程—終結」のスキーマの「過程」に対応する。(P183)

つまり、岡は「時間」を「過程」と捉えたうえで、「過程」と「経路」の類似性により、「時間」が「経路」から拡張されたと主張しているのである。しかし、なぜ「時間」が「開始—過程—終結」のスキーマの「過程」に対応するのかについては触れていない。

以上述べてきたように、「時間」、つまり本研究で言う「時間的対象」への拡張プロセスに関する先行研究にはまだ不明な点があると言わざるを得ない。その拡張プロセスを究明するために、更なる論述が必要であると考えられる。以下では、本研究の論述を見ていこう。

8.2 ヲ格の「時間的対象」の認定

認知的な見地からのヲ格に関する先行研究では、ヲ格名詞の「時間的対象」の用法として、しばしば取り上げられるのは次のようなものである。

(8-1)a 太郎は学生時代にカナダで3週間を過ごした。(菅井1998)

b 思春期を経て大人になる。(森山2005)

c 4年間を仙台で過ごす。(同上)

しかし、どのような用法がヲ格の「時間的対象」の用法と見なされるのかについては言及されていないようである。そのため、本研究では、「時間的対象」への拡張プロセスを解明する前に、まずどのようなものが「時間的対象」の用法と認定されるべきかを考察していきたい。

「時間的対象」の意味役割をするヲ格名詞は「既存の真の対象」や「空間的対象」などと違い、わずかにしか見られない。例えば、次の用例を参照されたい。

(8-2)a どうにかなるだろうと高をくくっていたパキスタン人も、三ヶ月を過ぎたころにはさすがに青ざめた。(2003『ダッカへ帰る日——故郷を見失ったベンガル人』駒村吉重)

b その木日向は、捜査一課で強盗や殺人などの凶悪な事件ばかりを扱ってきて、もう二十年を越えたベテランの部長刑事である。(2000『時効捜査官』龍一京)

c わたしは、三十年の年月を経て、今若き日を過ごしたパリへと向かっている。(1989『70パーセントの青空』安西水丸)

d だが、さすがに開戦後四ヶ月を経過した四〇年二月以降は、両軍共に疲弊が進んだせいか、睨み合いの状況が続い

ていた。(2002『帝国の聖戦』吉田親司)

e 元子がゆっくりと僕の方を向いた。三十九年間を生きた女の潤いを目に湛え、微かに微笑んだような気がした。(1999『ニュートンの林檎』辻仁成)

(8-2)の下線部に示すように、ヲ格名詞が「三ヶ月」、「二十年」といった一定の期間を表す時間名詞であることが明らかである。また、そのような時間名詞を共起させる動詞「過ぎる」、「越える」、「経る」、「生きる」、「経過する」は、本来空間名詞と共起する主体移動動詞であることが特徴である。本研究は(8-2)の下線部のように、主体移動動詞が一定の期間を表すヲ格時間名詞を共起させる場合を、ヲ格の「時間的対象」の意味役割と認定する。

上述したように、ヲ格の「時間的対象」の意味役割では、ヲ格名詞を共起させる動詞は、空間名詞を共起させる主体移動動詞①であることが特徴である。そのため、ヲで表示される「時間的対象」と「空間的対象」の間には、何らかの関連性があると想定することができよう。結論を先に言えば、本研究では、そのような関連性をメタファーによる意味役割の拡張であると主張する。すなわち、ヲで表示される「時間的対象」という意味役割は、メタファーにより、「空間的対象」から拡張されるということを主張したい。その意味では、本研究は基本的に先行研究における菅井（1998）の「「空間」の意味役割が「時間」の意味役割へと拡張される」という立場に立つ。次の節では、そのような拡張のプロセスを検討してみよう。

① 本研究では、(1)における「過ごす」も主体移動動詞と見なすことにする。その理由については次節で述べる。

8.3　拡張のプロセス

『広辞苑』で「時」の項を調べてみると、「過去から現在へ、さらに未来へと連続して、とどまることなく過ぎゆく現象」という説明が出てくる。他のいくつかの辞書（『新明解』、『大辞林』、『大辞泉』など）にも似たような解釈が書かれている。「時」つまり「時間」は、きわめて抽象的存在として捉えられている。一方、人間の視覚システムは具象物の高さ、広さなどを感知する力を持っているが、時間のような抽象的なものは感知できない。そのため、我々人間はなんらかの具体的な概念によって、時間を計るよりほかない。一般に、直接的に把握することが困難である抽象的な概念を認知するには、具体的な概念を通して理解することが必要である。以下、時間という抽象的な概念をどのように認知するかを見ていこう。

大館（2002）の実験によって、日本語では時間認知の型は主体移動型であることがわかった。主体移動型による時間の認知においては、人間が意志的主体として過去から現在にやってくる。そして、現在から未来へと向かっていく。進行の前面にあたる未来が「前」であり、進行の背面に当たる過去が「後」となる。人間の進行は、いわば時間の地盤の上でなされ、時間はこの進行に加わらない。図で示すと、図 8-1 のようになる。

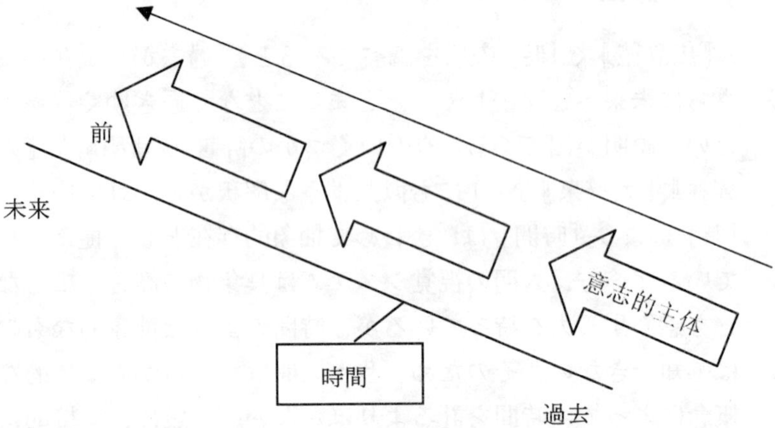

図 8-1　時間認知の主体移動型

図 8-1 からわかるように、時間の経過は意志的主体が過去から未来へと移動するように認知されているものである。図 8-1 を簡略化すれば、図 8-2 のようになると考えられる。

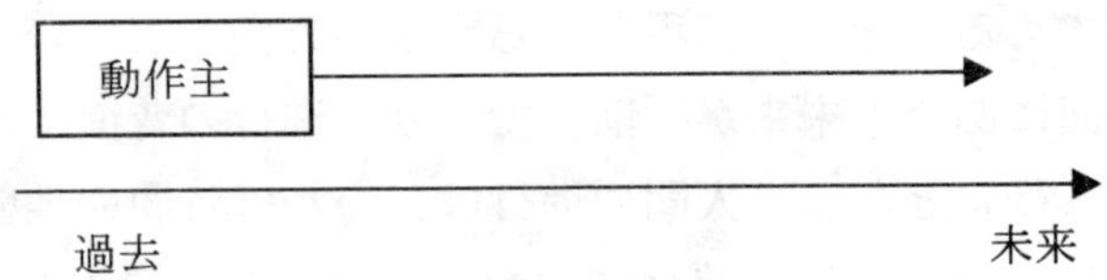

図 8-2

図 8-2 に示すように、時間の経過は動作主が時間の軸において、過去から未来へという一方向に向かって移動するというように認知されている。言語主体によって認知された時間は、動作主が移動する抽象的なものである。

前述では、「空間的対象」における空間的対象と主体移動動作との間に形成される働きかけられと働きかけの意味関係をヲ$_4$と、「時間的対象」という意味役割における経過する時間と主体移動動作との間に形成される意味関係をヲ$_5$で表記する。その中で、ヲ$_4$とヲ$_5$は異なってはいるが似ている。ヲ$_4$においては、主体移動動作の働きかけの対象は、具象物にしても、抽象物にしても、空間として捉えられるのである。それに対し、ヲ$_5$においては、主体移動という移動動作の働きかけの対象は目に見えず、きわめて抽象的な時間である。時間はヲ$_4$における主体移動動作の働きかけの空間とは違うが、主体移動動作から受ける働きかけと空間が主体移動動作から受ける働きかけとの間に、類似性を持っている。空間は主体移動動作の働きかけの対象と見ている以上、時間も移動動作の働きかけの対象として捉えられる。したがって、時間と主体移動動作との間にも、働きかけられと働きかけの意味関係がなされてきている。その意味では、「時間的対象」におけるヲ格時間名詞も一種の働きかけられとして考えられよう。

以上述べてきたように、ヲ$_4$とヲ$_5$は、働きかけられと働きかけという意味関係において、類似性を持っているため、「空間的対象」から「時間的対象」へと拡張されたのである。その結果、(8-2)の用例においては、「時間的対象」も「空間的対象」と同様に、ヲ格表示が可能なわけであるといってよいであろう。

以下、(8-2)の用例を具体的に分析していこう。

(8-2)a では、主体移動動詞「過ぎる」は、本来「空間的対象」に働きかけを与えているが、ここでは、「三ヶ月を過ぎる」という動作を行う動作主は、「過ぎる」動作が始まる前に、「三ヶ月」という時間枠の過去に近い一方の外に存在し、「過ぎる」動作が終わった後、その時間枠の未来に近い他方の外に存在する。それは、図で示すと図 8-3 のようになる。

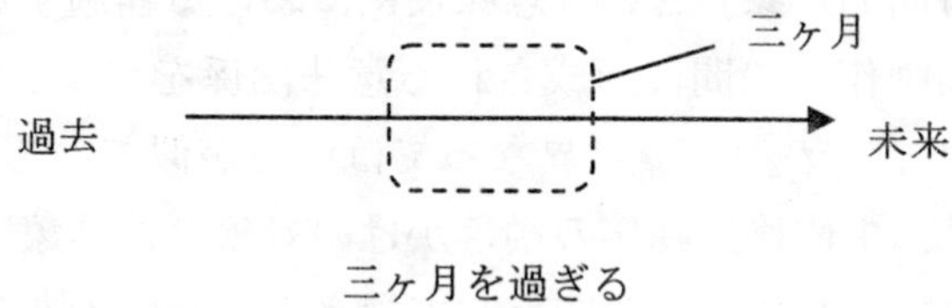

図 8-3

図 8-3 では、点線の四角形[①]は「三ヶ月」という時間枠を示しており、矢印は時間的移動の方向を表している。時間的移動は空間的移動とは異なり、過去から未来へ向かう一方向性が特徴である。このように、時間的移動とは、「過ぎる」という移動動作が時間的対象である「三ヶ月（を）」に通過的移動の働きかけを与えていると捉えることができる。それは、「通過の空間的対象」からの拡張であると考えられ、本研究では、「通過の時間的対象」と呼ぶことにし、通過の時間的対象と主体移動動作との意味関係をヲ$_{5-1}$で表記する。

(8-2)b も同様に、主体移動動詞である「越える」は、時間的対象である「二十年（を）」に働きかけており、「二十年」は一定の長さを持つ時間枠と捉えることができる。動作主は、時間的移動が始まる前に時間枠の過去に近い一方の外に存在し、時間的移動が終わった後、時間枠の未来に近い他方の外に存在する。これも、「通過の空間的対象」からの拡張であると考えられ、「通過の時間的対象」であり、主体移動動詞との意味関係を(8-2)a と同様、ヲ$_{5-1}$で表記する。(8-2)c においては、動作主が経過する時間（三十年の年月）をヲで表示している。(8-2)a、(8-2)b と同様に、移動動作である「経る」

① 前述したように、時間は人間の視覚に見えない抽象的なものであるため、図に示すのは困難である。ここで点線の四角形を使って時間を表示するのはあくまでもイメージ的モノであることに注意されたい。

は時間的対象に働きかけを与えていて、「通過の空間的対象」からの拡張であり、「通過の時間的対象」として捉えられる。(8-2) d においては、「四ヶ月を経過する」では、「四ヶ月」という期間は「経過する」という動作が移動する時間枠であると捉えてよいであろう。したがって、(8-2) d も (8-2) a、(8-2) b、(8-2) c と同様、「通過の空間的対象」からの拡張であると捉えられ、「通過の時間的対象」として捉えられる。

(8-2) e では、動作主が「生きる」ことにより、時間的移動を行っている。時間的移動においては「三十九年間」という一定の時間枠に働きかけを与えていると捉えることができる。「生きる」という主体移動動作の「三十九年間（を）」という時間的対象への働きかけは、移動動作の空間的対象への働きかけと概念的類似性を有しているため、メタファーが発生し、「三十九年間」はヲで表示できたわけである。ただし、動作主がどんなに「生き」ても、「三十九年間」という時間枠の外に出ることはないであろう。図 8-4 の通りである。

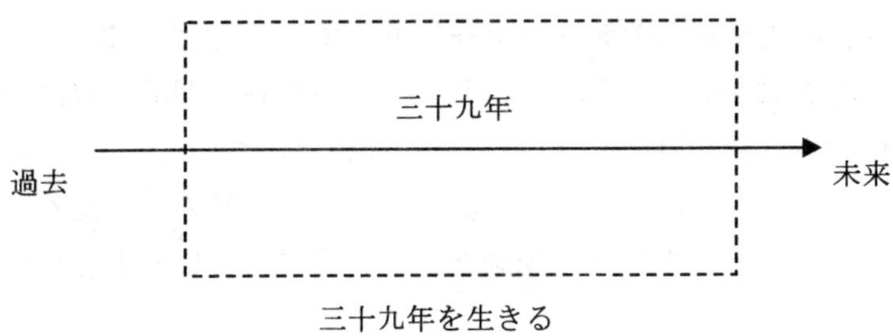

図 8-4

それは、「空間的対象」の下位意味項である「経由の空間的対象」を表示するヲ$_{4-4}$からの拡張であると考えられ、「経由の時間的対象」と呼ぶことにする。ヲ$_{4-1}$から拡張されてきたヲ$_{5-1}$と区別し、ヲ$_{4-4}$から拡張されてきた「経由の時間的対象」と主体移動動作との意味関係をヲ$_{5-2}$で表記することにする。

いずれにしても、動作主の移動による時間認知の仕方によって、時間の移動は、移動動作の時間的対象への働きかけと捉えることができる。このような働きかけは、移動動作の空間的対象への働きかけと概念的類似性を有しているため、「空間的対象」の下位意味項である「通過の空間的対象」と「経由の空間的対象」は「時間的対象」との間にメタファーが発生し、「時間的対象」も「空間的対象」と同様に、ヲで表示されることになる。

ところで、先行研究では、下記のよう用例もヲ格名詞の「時間的対象」の用例として取り上げている。

(8-3) 4年間を仙台で過ごす　　森山（2008：90）より引用

森山（2008）は、(8-3)の用例も(8-2)の用例と同様に、ヲ格の場所用法からのメタファー的拡張であり、ただ、「過ごす」は、(8-2)における移動動詞と比べ、もっぱら時間的経過にのみ用いられ、空間移動には用いられない点においては異なる、と主張している。それは、「過ごす」を、(8-2)の「越える」、「過ぎる」などの主体移動動詞とは質を異にしていると捉えてよいであろう。

確かに、辞書でも、「越える」などの動詞は、自動詞扱いされるのに対し、「過ごす」は他動詞として扱われている。たとえば、『新明解』や『広辞苑』では、「過ごす」は、「時間を費やす」という意味で、他動詞であると記述され、「越える」、「過ぎる」などは自動詞であると記述されている。つまり、「過ごす」は、他動詞としてすでに定着しているといえよう。しかし、「越える」、「過ぎる」などの場合と同じように、「空間的対象」を表示するヲ$_4$からの拡張と見なされる以上、「過ごす」は、「越える」、「過ぎる」と同じく主体移動の意味特性を有していると見ることは可能であろうか。仮にそうであれば、「過ごす」の意味をもう一度認識し直す必要があるのではないだろうか。

結論を先に言えば、(8-3)のように、時間名詞を共起させる場合、「過ごす」は、「越える」、「過ぎる」などの主体移動の意味特性を有する動詞と等しく見なすべきである。それはなぜかというと、次のように説明することができると考えられるからである。

前述したように、日本語における時間認知の型は、主体移動型であることがうかがえた。それはわかりやすく言えば、人間の移動を通し、時間を把握するという認知の仕方である。たとえば、(8-3)の「4 年間を過ごす」は、次のように解釈することができる。

次の図 8-5 において、矢印のある線は、過去から未来への時間の流れを示しており。A から B の部分は、「4 年間」という期間を表示している。

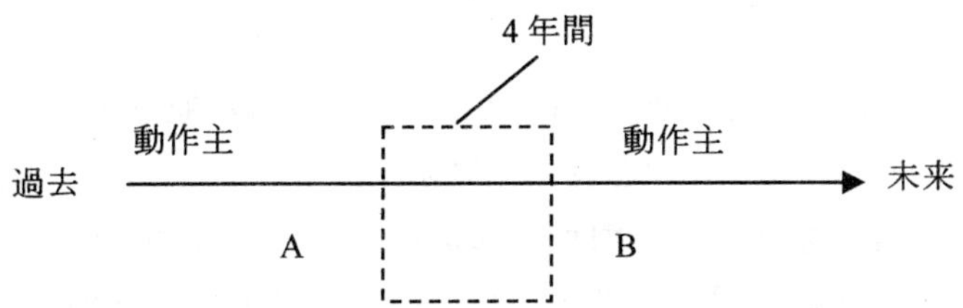

図 8-5

動作主が世の中に生きているというのは、「過去」から「未来」へ進行するプロセスである、と考えられる。動作主は、「過ごす」ことにより、4 年前の「時間世界」から 4 年後の「時間世界」に来ている。つまり動作主は、このような目に見えない「時間世界」の中を移動していると捉えることができる。このように、動作主の移動を通じて、時間的移動を把握しているのである。その移動のプロセスは、「時間世界」における移動は、時間的対象に働きかけを与えていると見ることができる。(8-3)のような用例においては、「過ごす」という動作は「4 年間」という時間枠内で行われるため、時間枠の外に出たりはしない。(8-2)と同様に、主体移動動詞と共起する「経由の空間的対象」から拡張されているというふうに捉えるべきである。(8-3)におけるヲ格名詞は「経由の時間的対象」であり、主体移動動作との意味関係を(8-2)e と同じ、ヲ$_{5-2}$で表記する。

(8-3)におけるヲの用法と同じ用例としては、次のようなものが上げられる。

(8-4)a 外交交渉が破綻した場合の軍事行動シミュレーションも含まれるが、それが一年を通じて行われるトーナメント形式の研究発表会である。(2003『星忍母艦テンプレイプ』中里融司)

b 私が 1 年間を通して採取している順番に並べました。(2004『自然暮らしの知恵袋』境野米子)

c 私は、愛知県の三河地方にある S 村という過疎の山村地帯で十七年間を暮らしてきた。(1997『人権と私たちの暮らし』松本峰雄)

d この日記には、京から下向して少女期の四年間を送っ

た鄙での生活のことは書かれていない。(1993『源氏物語を読む』朧谷寿)

(8-4)a においては、「一年間」はヲ格表示により、期間や時の経過を表している。それは、(8-3)と同様に、時間の経過は動作主の「時間世界」における移動によって把握されている。「通じる」ことにより動作主は、一年前の「時間世界」から一年後の「時間世界」へ向かって、その間を移動している。移動動作「通じる」は、「一年間（を)」という時間的対象に働きかけていると見ることができる。それは、「空間的対象」の下位意味項である「経由の空間的対象」から拡張される「経由の時間的対象」と捉えるべきである。ヲ格時間名詞と主体移動動作との意味関係をヲ$_{5-2}$で表記できる。(8-4)b についても、大体同様の解釈が与えられるであろう。(8-4)b のヲは、「経由の空間的対象」と主体移動動作との意味関係を表示するヲ$_{4-4}$から拡張されると考えられ、(8-4)a と同様に、ヲ$_{5-2}$で表示する。(8-4)c は、動作主が「暮らす」ことにより、時間的移動を行っている。時間的移動は時間の経過ということである。(8-4)a と同様に、そのような時間の経過は動作主の「時間の世界」における移動によって把握されるから、動作主が十七年前の「時間世界」から十七年後の「時間世界」へ向かって一方向に移動しているのである。どんなに移動しても、「十七年間」という時間枠の外に出ないため、「空間的対象」の下位意味項である「経由の空間的対象」から拡張される「経由の時間的対象」と捉えることができる。(8-4)d についても、同じような説明を与えられる。(8-4)d のヲは、同じく「経由の空間的対象」と主体移動動作との意味関係を表示するヲ$_{4-4}$から拡張されると考えられ、(8-4)a、(8-4)b、(8-4)c

と同様に、ヲ$_{5-2}$で表示すべきである。

その意味では、「空間的対象」からの拡張用法である「時間的対象」においては、主体移動の意味を有する「過ごす」、「通じる」のような動詞は、他動詞と見なされているが、「空間的対象」の用法においては、主体移動の意味を有する「過ぎる」、「超える」などの動詞が、かえって自動詞と見なされているという現状は、おかしいとしか言いようがない。「過ごす」などを他動詞と見る以上、「過ぎる」なども他動詞と見るべきではなかろうか。

以上、ヲで表示される「時間的対象」は、言語主体に把握され難い抽象的なものであるにもかかわらず、主体移動動作から受ける働きかけと「空間的対象」が主体移動動作から受ける働きかけとの間に類似性を有するため、「時間的対象」という意味役割は、メタファーにより、「空間的対象」の下位意味項である「通過の空間的対象」と「経由の空間的対象」から拡張されることが確認された。

8.4　本章のまとめ

本章は、ヲ格名詞の「空間的対象」という意味役割から「時間的対象」へと拡張されるプロセスについて考察した。

まず、先行研究を取り上げ、「時間的対象」の意味役割を認定する基準がはっきりしていないこと、そして、意味役割の拡張プロセスに関する説明が足りないこと、といった不足点を指摘した。次に、「時間的対象」の意味役割がメタファーにより「空間的対象」から拡張されるという本研究の主張に従い、その拡張プロセスを解明した。「時間的対象」におけるヲ格時間名詞と主体移動動詞との間に形成された働きかけられと働きかけの意味関係は、「空間的対象」におけるヲ格名詞と主体移動動詞との間に形成された働きかけられと働きかけの意味関係と類似性を有するため、メタファーが発生したのである。言語主体の認知では、「時間的対象」も一種の働きかけられであると捉えられる。

「時間的対象」は、「空間的対象」の下位意味項である「通過の空間的対象」と「経由の空間的対象」から拡張される二つのタイプがある。「通過の空間的対象」と主体移動動作との意味関係を表示するヲ$_{4-1}$から拡張される「通過の時間的対象」と主体移動動作との意味関係をヲ$_{5-1}$と、「経由の空間的対象」と主体移動動作との意味関係を表示するヲ$_{4-4}$から拡張される「経由の時間的対象」と主体移動動作との意味関係をヲ$_{5-2}$と表記する。次の図 8-6 にまとめるとおりである。

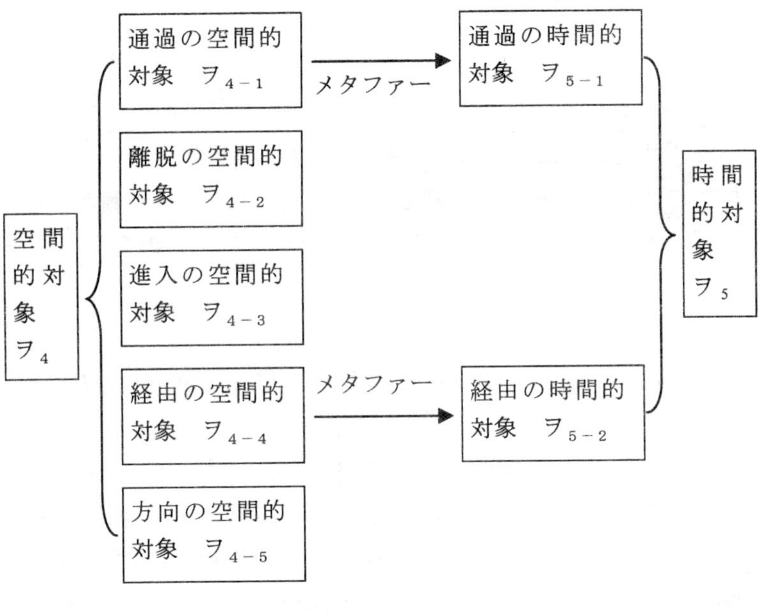

図 8−6

第9章 「状況」について

第5章から第8章では、ヲ格名詞の「既存の偽の対象」、「非既存の対象」、「空間的対象」及び「時間的対象」の意味役割について考察した。さらに、認知的な見地からそれらの意味役割へと拡張されるプロセスを確認した。この章では、続けてヲ格名詞の「状況」の意味役割について検討していきたい。

9.1 先行研究

9.1.1 「状況」とは

ヲ格名詞の「状況」の意味役割は杉本（1986）によりはじめて提出されたものであり、動作の行われる状況を表示する。杉本によれば、(9-1)の下線部のヲ格名詞である「遭難者(を)」と「嵐の中（を)」はそれぞれ「対象」、「状況」の意味役割と見なすべきである。

(9-1) 嵐の中を　遭難者を　探した。(杉本 1986：297)

それは1つの動詞は同じ意味格（すなわち意味役割）のヲ格名詞を取ることはできないが、違う意味格のヲ格名詞を取ることができるという意味レベルの二重ヲ格制約で、「遭難者(を)」は「対象」とされた以上、「嵐の中（を)」は「対象」

と異なる意味役割としか考えられない。そのため、「対象」と区別し、「状況」という意味役割が生じたわけである。多くの先行研究では、「状況」の意味役割と思われるヲ格名詞の用法は、「～中ヲ」もしくは「～トコロヲ」という形態を有することが特徴であることがわかった。次の用例を見られたい。

(9-2)a 嵐の中を遭難者を探した。(杉本 1986)

b 雨の中を太郎が病院まで見舞いに来てくれた。(菅井 1998)

c お忙しいところをお越しいただき…(楠本 2001)

d 豪雨の中を敵と戦った。(森山 2005)

e 暗闇の中をスイッチを探した。(岡 2005)

もっとも、「～中ヲ」、「～トコロヲ」という形態さえ持っていればヲ格名詞は「状況」の意味役割を表示するわけでもない。下記のように、「～中ヲ」、「～トコロヲ」の形態を有するヲ格名詞は「既存の真の対象」(9-3)aと(9-3)bや「空間的対象」(9-3)cと(9-3)dを表示する場合もある。

(9-3)a さすがにしみじみとなつかしい眼で、部屋の中を見廻した。(1946『青春の逆説』織田作之助)

b 母様も、戦死ときかされたって、義夫さんが亡くなるところをこの眼で見たわけじゃなし、…(1946『中橋公館』真船豊)

c われわれも山の中を逃げているとき、これには悩まされました。(1947『ビルマの竪琴』竹山道雄)

d すべてそれらの建物のあったところを辿って歩いた。(1948『道標』宮本百合子)

そのため、本研究はコーパスで「～中（ナカ）ヲ」、「～トコロヲ」という形態を有する例文を抽出し、主としてその中の「状況」と思われる用例を研究の対象とする[①]。本稿におけるヲ格名詞の「状況」の意味役割に関する考察は、「～中ヲ」、「～トコロヲ」といった形態を有するものの一部に関するものとなる。

9.1.2 認知的な見地からの先行研究

周知のように、「～中ヲ」、「～トコロヲ」についての先行研究は数多く存在する。例えば、トコロヲ節の統語的な性格（寺村 1993，杉本 1986 など）、トコロヲの文法化（陳燕青 2010 など）などである。本研究は格助詞ヲに関する研究であるため、主として「～中ヲ」と「～トコロヲ」におけるヲ格名詞に注目し、ヲで表示される名詞の他の意味役割との関連性を見出し、他の意味役割から拡張される認知的なメカニズムを解明することに力点を置きたい。

第 2 章で述べたように、格助詞ヲに関する先行研究の三説では、「状況」の意味役割は認知のほうにおいてどのように拡張されてきたのかについて、それぞれ違う考え方を見せている。詳細は下記の表 9-1 の通りである。

表 9-1

	菅井（1998）	森山（2005）（2008）	岡（2005）（2007）
拡張関係	場所から状況	対格から状況格か、それとも場所格から状況格かははっきりしていない	経路から状況か、それとも時間から状況かははっきりしていない

① 「～中ヲ」という形態を持っていながら、「空間的対象」の意味役割を表示するものにも触れる予定である。

表 9-1 で見られるように、菅井（1998）は、ヲ格の「状況」の意味役割は「場所」から拡張されていると提唱しているのに対し、森山（2005）（2008）は、「状況」は「対格」からなのか、それとも「場所」から拡張されるのかを明らかにしていないようである。また、岡（2005）（2007）も、「状況」は「経路」から拡張されるのか「時間」から拡張されるのかをはっきりさせていない。その上、どちらにおいても、残念ながらその拡張のプロセスについて具体的な解釈が施されていない。本研究は、基本的にヲ格名詞の「状況」の意味役割は「空間的対象」から拡張されるという菅井の見方に賛成する。ただし、わずかであるにもかかわらず、「状況」の意味役割の一部は「時間的対象」から拡張されるものと考えられる。以下では、「状況」とヲで表示される名詞の他の意味役割の関連性を探り、その拡張プロセスを究明する。

本研究は、同じく「状況」を表示する「～中ヲ」の形態と「～トコロヲ」の形態では、それぞれの拡張プロセスは違うと捉えるため、「状況」を表示するヲ格名詞を「～中ヲ」と「～トコロヲ」に分けて考察することにする。

9.2 「状況」の中ヲ①

9.2.1 「空間的対象」から拡張される場合

コーパスで「～中ヲ」を有する形態の用例を検索した結果、「～中ヲ」は「状況」の他、かなりの部分が「空間的対象」の意味役割を表示していることがわかった。「空間的対象」と捉えられる用例数と「状況」と捉えられる用例数は次の表 9-2 の通りである。

① 「状況」の中ヲとは「～中ヲ」におけるヲ格名詞が「状況」の意味役割を表示するものである。

表 9-2

	用例数	「空間的対象」の用例数	「状況」の用例数
中ヲ	2894	776	682

表 9-2 からわかるように、「～中ヲ」の形態をしている用例数のなかで、「空間的対象」の意味役割を表示する数は「状況」の意味役割を上回っていることが明らかである。下記の (9-4) に挙げるのは「空間的対象」の意味役割の一部である。

(9-4) a 面白いことをさがし出そうとするように、秋山の室のなかをぐるりと歩いた。(1948『道標』宮本百合子)

b われわれも山の中を逃げているとき、これには悩まされました。(1947『ビルマの竪琴』竹山道雄)

c 大海の中を一人で漂うような侘びしさが、音もなく吟子の中に忍び、…(1970『花埋み』渡辺淳一)

d リシアの提案で、二人はマンションを出、並んで公園の中を散策した。(1974『真昼のワンマン・オフィス』城山三郎)

e 三人はそろり、そろりと暗い洞窟の中を手さぐり、足さぐりですすんでいった。(1948『恐竜島』海野十三)

f 小説家なんて奴はへいぜいの考えの中で、しじゅう小説の中をかつかつと靴音を立てて歩いている奴なんだよ。(1956『杏っ子』室生犀星)

g ピアノの和音が、さらさらと光りながら僕の意識の中を通り過ぎた。(1954『草の花』福永武彦)

h この金の鳳凰はかがやく翼をあげて、永遠に、時間のなかを飛んでいるのだ。(1956『金閣寺』三島由紀夫)

i いきなり遠ざかり、頭の中を赤い色が走った。(1946

『青春の逆説』織田作之助)

j 社会主義へ発展すると云っても事実資本主義の中をぬけて行かなけりゃならないんだし、(1948『道標』宮本百合子)

例のように、「～中ヲ」の形態において、「空間的対象」の意味役割を表示する用例が数多く存在するのは、第 7 章で述べた「空間的対象」の意味役割における主体移動動詞が働きかける空間的対象の特徴に深くかかわっているからだと考えられる。第 7 章で述べたように、言語主体の認知ではヲ格名詞は三次元的で、中身のない空間的モノとして捉えられるため、主体移動動詞から移動の働きかけを受けることが可能になるのである。「中」の基本的な意味は『広辞苑』によれば、「(空間的に) 内部」という意味である。名詞にこのような「中」を付け加えることにより、「空間」の意味側面が強化されるか、または空間化される、と考えられる。例えば、(9-4) a～(9-4) e における「秋山の室」、「大海」「山」、「公園」、「暗い洞窟」は前者であり、(9-4) f～(9-4) j における「小説」、「意識」、「時間」、「頭」、「資本主義」は後者である。

(9-4) a～(9-4) e における名詞はもともと「空間」の意味側面を有するものであり、7.1.1 で述べたように主体移動動詞との共起だけで「空間」の意味側面がプロファイルされ得る。その意味では、「の中」を除去すれば、(9-4) a～(9-4) e の文も成立する。下記の (9-5) の通りである。ただし、「の中」の付加によりそのような「空間」の意味側面が強化されたのだと捉えられる。

(9-5) ○面白いことをさがし出そうとするように、秋山の室をぐるりと歩いた。

　○われわれも山を逃げているとき、これには悩まされました。

　○大海を一人で漂うような侘びしさが、音もなく吟子の中に忍び、…

　○リシアの提案で、二人はマンションを出、並んで公園を散策した。

　○三人はそろり、そろりと暗い洞窟を手さぐり、足さぐりですすんでいった。

それに対し、(9-4) f～(9-4) j の場合、「小説」、「意識」、「時間」、「頭」、「影」といった名詞は「空間」の意味側面を有していない。そのため、「の中」なしでは、主体移動動詞との共起が不可である。(9-6)の通りである。

(9-6) ＊小説家なんて奴はへいぜいの考えの中で、しじゅう小説をかつかつと靴音を立てて歩いている奴なんだよ。

　＊ピアノの和音が、さらさらと光りながら僕の意識を通り過ぎた。

　＊この金の鳳凰はかがやく翼をあげて、永遠に、時間を飛んでいるのだ。

　＊いきなり遠ざかり、頭を赤い色が走った。

　＊社会主義へ発展すると云っても事実資本主義をぬけて行かなけりゃならないんだし、

したがって、「小説」、「意識」、「時間」、「頭」、「資本主義」といった名詞は「中」により空間化された上で、主体移動動詞と共起でき、「空間的対象」の意味役割を表示し得るものと考えられる。

一方、同様に「～中ヲ」という形態を有し、ヲ格名詞が「状況」の意味役割を表示するとされるものは例えば次の(9-7)に示す通りである。

(9-7) a 早春でしたが、ただいまではもう五月の半ば、陽ざしの中を歩くと汗ばんでまいります。(1957『点と線』松本清張)

b 食べ終ると、再び道に出、月光の中を進んだ。(1952『野火』大岡昇平)

c あの日、海には絶え間なく霧雨が降り、その雨の中を海鳥が杭のそばまで飛んでいた。(1966『沈黙』遠藤周作)

d 雪の中を十時に出発して、大町の駅についたのは午後の二時だった。(1969『孤高の人』新田次郎)

e それからおこったことは、いま思いかえすとまるで霧の中を歩いていたようで、自分のことながらはっきりとは思い…(1947『ビルマの竪琴』竹山道雄)

f あの負傷兵たちもいっていたように、「弾がとんでくる中をあちらこちらと走りまわった」にちがいない。(1947『ビルマの竪琴』竹山道雄)

g 一〇〇円で玉五十個を買い、ジャラジャラという騒音の中を歩いていった。(1971『二十歳の原点』高野悦子)

h 赤い火がめらめらと燃える中を、にこにこ笑って空を飛んでいくのよ、ふふ……立花君,(1963『明治の棺』宮本研)

i 行衛不明の原因を成していた新橋の女性たちが立ち並ぶ中を、貴賓階段からプラットフォームへ上って来た。(1965『山本五十六』阿川弘之)

j 演奏が途切れみんなか唖然としている中をオジョウ

サンがゆっくりとおりてくる。(1970『不思議の国のアリス』別役実)

(9-7)a～(9-7)e における「日射し」、「月光」、「雨」、「雪」、「霧」はいずれも自然現象である。(9-7)f～(9-7)j における「騒音」、「弾がとんでくる」、「火が燃える」、「女性が立ち並ぶ」、「演奏が唖然としている」は人間の作り出す物理的な現象である。自然現象にしても、人間の作り出す物理的な現象にしても、言語主体の認知では、一種の状況に違いない。「中ヲ」を付け加えることは、ある特定の状況を空間化するといってもよいであろう。ここで言う状況を空間化するというのは、動作遂行の状況を抽象的な空間として捉えるということである。言い換えれば、動作の行われる状況は、枠がついている空間のように捉えられる。動作主がそのような状況がカバーする枠内で行動する。

例えば、(9-7)a では、動作主がどんなに歩いても、「日射し」という状況が及んでいる枠の外に出ない。(9-7)b でも同じく、「月光」のある状況の下、「進む」という動作が行われ、どんなに進んでも、「月光」がカバーする枠内に存在するはずである。(9-7)c～(9-7)j についても大体同様の説明が与えられる。すなわち、(9-7)のような用例においては、動作がどんなに行われても、ある特定の状況がカバーする範囲に出たりはしない。

このように、「状況」の意味役割においてはある特定の状況がカバーする範囲を動作が行われる枠とすることがわかった。動作がある枠内で行われるとすれば、その動作が遂行されていくプロセスにおいては、ある程度の移動が要求される。なぜかというと、これから簡略図を挙げながら説明していこう。

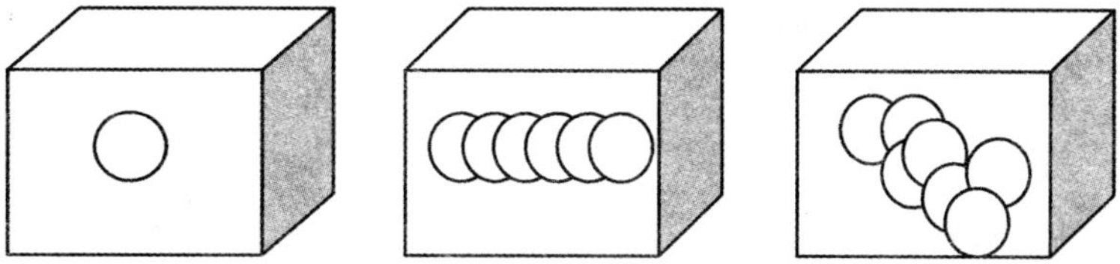

図 9-1

図 9-1 では、立体図形が動作遂行の範囲を示し、円が動作主の位置を示す。図 9-1A は動作遂行のプロセスにおいて動作主の移動が発生しないことを表示するのに対し、図 9-1B と図 9-1C は動作が行われる中で、動作主の移動が発生することを表示するものである。円の連続は移動の軌跡を示すものである。その軌跡は図 9-1B のように直線になったり、図 9-1C のように曲線になったりする。

図 9-1 からわかるように、移動が発生しない図 9-1A のような場合には、動作主は動作遂行の間、同じところに位置するため、それを囲んでいる枠が無意味になってしまう。また、移動が発生する図 9-1B と図 9-1C のような場合には、動作主はあるところから他のところに移動するため、その移動の範囲を確定するのに枠が必要となる。以上が、なぜ動作がある範囲の枠内で行われることはある程度の移動が必要とされるかについての原因を説明したものである。

その意味では、「状況」の意味役割における動作はある程度移動の意味が含まれることが要求される。そのため、本研究では「状況」の用例における述語動詞を調べてみた。結果は表 9-2 の通りである。

表 9-2

	用例数	主体移動動詞と共起する用例数
中ヲ	682	623

表 9-2 から、「～（中）ヲ」が「状況」を表示する場合、主体移動動詞と共起する用例が多数であることがわかる。「歩く」、「帰る」、「通り過ぎる」、「飛ぶ」といった主体移動動詞の他に、(9-8)の下線部に挙げられる動詞は、動作遂行の中で、動作主は何らかの移動が起きていると考えられる。例えば、(9-8)a では、「大勢の人」は「列を作る」の中で移動したりするであろう。(9-8)b では、「訪ねた」結果、動作主はあるところから別のところに移動するであろう。(9-8)c では「加藤」は「運ばれる」ことにより、他のところから「病院」に移動していることになろう。

(9-8)a 冷たい雨が降る中を大勢の人が無言で列をつくっていた。（1985『神話の果て』船戸与一）

b その雪の中をおのぶがたずねて来た。（1963『さぶ』山本周五郎）

c 風塵の中を病院に運ばれていく加藤を、もうひとりの加藤が見ていた。（1969『孤高の人』新田次郎）

「～中ヲ」におけるヲ格名詞が「状況」を表示する場合、述語動詞は「移動」の意味特性を有するということについては、先行研究にも指摘がある。例えば、杉本は(9-9)、(9-10)のような用例を挙げて、「移動」という意味特性を持っていない動詞は「状況」を表すヲ格名詞と共起しにくいことを指摘している。杉本によれば、(9-9)と(9-10)の下線部における動詞は移動を伴わない動作を表しているため、「明かりの中を」、「暗闇の中を」と共起することが不可である。

(9-9)　＊ろうそくの明かりの中を本を読んだ。
(9-10)＊暗闇の中を一人でじっと考えごとをしていた。

また、(9-11)、(9-12)の下線部の動詞は移動動詞ではないが、何らかの移動を伴う動作を表す動詞であれば、「状況」を表すヲ格名詞と共起することが可能であると指摘した。(9-11)における「探す」は、手であちこち触ったりして、必ず移動が伴うのである。(9-12)では、人と「戦う」時は、体の移動などが当然となる。それらの動作の働きにより、なんらかの移動が伴うことは確かであると述べられる。

(9-11)　暗闇の中をスイッチを探した。
(9-12)　豪雨の中を敵と戦った。

また、張興・施建軍（2008）も「～中ヲ」を共起させる述語動詞が他動詞であっても、移動となんらかの関係があると指摘している。

このような先行研究の結論も「状況」の意味役割における動作は移動の意味が含まれることを要求されるという本研究の見方を補強できると考えられる。したがって、(9-7)におけるヲ格名詞の「状況」の意味役割では、移動動作がある状況がカバーする範囲内で行われると捉えられる。それは、ヲ格名詞の「空間的対象」の下位意味項である「経由の空間的対象」という意味役割において、主体移動動作が空間的対象がカバーする範囲内で行われることとの間に類似性を持っている。その類似性は図に表現すると、図 9-2 になろう。

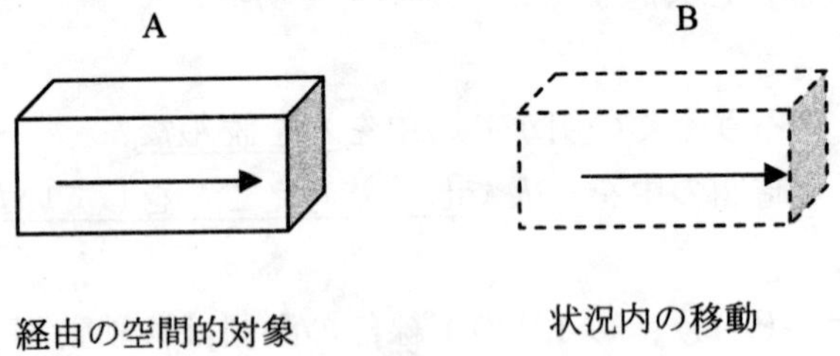

図 9-2

図 9-2A に示すのは「経由の空間的対象」と主体移動動作との関係である。立体図形が空間的対象の枠を示している。言語主体の認知では、主体移動動作は空間的対象に経由的移動の働きかけを与えている。ただし、その経由的移動の働きかけがどんなに行われても、空間的対象がカバーする範囲外には出ない。

「状況」の意味役割の場合は、空間的対象の枠が目に見えないものまで抽象化されている。それは図 9-2B における点線で示す立体図形である。移動動作は状況化された抽象的な空間内に行われるが、その移動は状況化された抽象的な空間への働きかけと捉えてもよいであろう。その意味では、移動動作がある状況がカバーする範囲内で移動することも移動の状況への働きかけと捉えられる。図 9-2A と同様に、その移動の働きかけがどんなに行われても、状況化された抽象的な枠、つまり特定の状況がカバーする範囲外には出ない。

図 9-2 のように、状況化された抽象的な空間は移動動作から移動の働きかけを受けることと、空間的対象は主体移動動作から経由的移動の働きかけを受けることとは類似性が成されている。その類似性は言語主体に認識され、概念的メタ

ファーが発生する要因となっていると考えられる。したがって、「空間的対象」のヲ格表示が同様に「状況」に応用されうるわけである。その結果、「空間的対象」、厳密に言えば、「経由の空間的対象」と主体移動動作との意味関係を表示するヲ$_{4-4}$から「状況」と主体移動動作との意味関係を表示するヲへの拡張が成立したのである。前述では、「状況」を表示するヲはヲ$_{6}$と表記するため、「経由の空間的対象」を表示するヲ$_{4-4}$から拡張される場合、便宜上、ヲ$_{6-1}$と表記することにする。

以上、中ヲにおける「状況」を表示するヲ格名詞について考察した。ヲ格名詞と述語動詞との意味関係を表示するヲ$_{6-1}$は「経由の空間的対象」を表示するヲ$_{4-4}$から拡張されてきたことが確認された。

9.2.2 「時間的対象」から拡張される場合

「状況」を表示する「(〜中) ヲ」には、また次のような用例もある。

(9-13) a きらきらと輝き、寒さがしんしんと身にしみ込んでくる夜の中を、私たちは腕を組み、体を寄せ合って、佐伯まで帰った。(1964『されどわれらが日々ーー』柴田翔)

b 星だけの夜の中を車輛はしずしずと進んだ。(1990『列車消失』阿井渉介)

c 春の日曜日の明るい午後の中を歩いていった。(1971『その時がきた』佐藤愛子)

下線部のところは自然現象でも人間の作り出す物理現象でもなく、「夜」、「午後」といった時間名詞であることが明らかである。しかし、それらの時間名詞は動作主が経過する期間を表示するのではなく、「帰る」、「進む」、「歩く」といった主体移動動作が行われる状況と捉えられるのである。時間名詞は、「中」によりが確定され、その特定化された時間は主体移動動作が行われる時間的な状況と捉えられる。それから、時間的状況は空間化され、すなわち、空間のように一種の抽象的な時間枠が形成されており、動作主がそのような枠内で移動すると考えられよう。主体移動動作がどんなに行われても、確定された時間的状況がカバーする枠に出たりしない（図9-3)。例えば、(9-13)a～(9-13)c では、どこに帰っても、どんなに進んでも、いくら歩いても、それぞれの動作主が必ず「夜の中」、「夜の中」、「午後の中」という特定の時間的状況がカバーする枠内にいるであろう。図 9-3 に示すように、主体移動動作の時間的状況内の移動も主体移動動作の時間的状況への一種の働きかけであると捉えられよう。

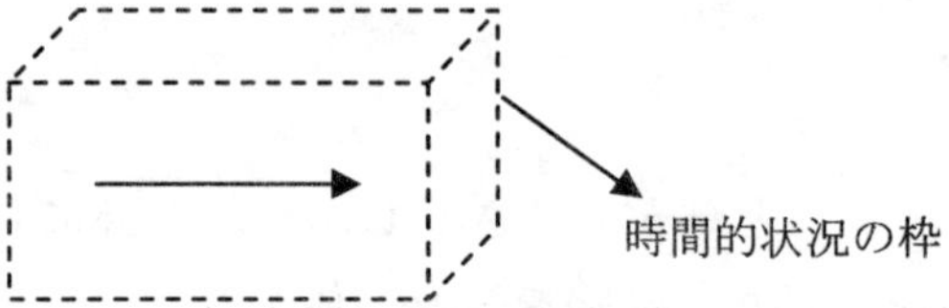

図 9-3

それは、「経由の時間的対象」を表示するヲ$_{5-2}$における主体移動動作の時間的対象への働きかけとの間に類似性を有すると考えられる。ただし、「状況」における働きかけられとして時間的状況は、「時間的対象」における働きかけられとしての時間よりもさらに抽象化されたものであると考えられよう。したがって、(9-13)のような「状況」を表示するヲは「経由の時間的対象」を表示するヲ$_{5-2}$から拡張されたといってよいであろう。これをヲ$_{6-1}$と区別し、ヲ$_{6-2}$と表記することにする。(9-13)のような「時間的対象」から拡張される「状況」の用例は極まれにしか見られない。コーパスで検索した結果、わずか6例しかないことがわかった。

上述したように、「時間的対象」から「状況」へと拡張されるプロセスが明らかとなった。総合してみれば、「～中ヲ」の形態をする「状況」への拡張は次のように簡単にまとめることができる。

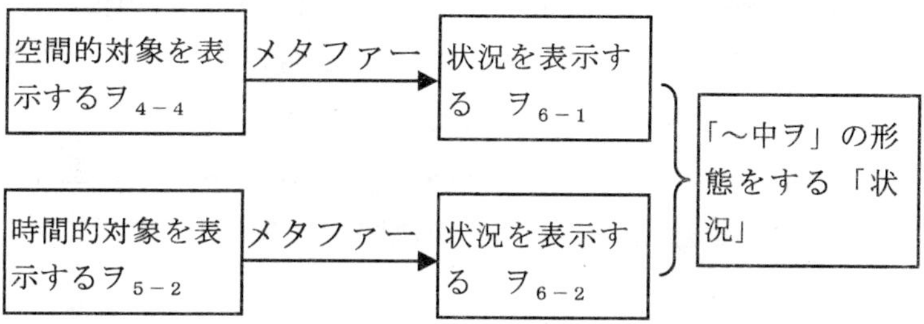

9.3 「状況」のトコロヲ[①]

9.3.1 「状況」のトコロヲとは

「～トコロヲ」の形態を有する用例を検索した結果、1726個の検索例が出てきたことがわかった。ここではまず、どのような用例が「状況」と判断されるべきなのかが問題となる。それは「～トコロヲ」におけるトコロの意味拡張に深く関わっていると考えられる。というのも、トコロが実質名詞から形式名詞へと拡張するプロセスにおいては、「～トコロヲ」におけるヲで表示される名詞の意味役割の変化を見せているからである。例えば、次の用例を見られたい。

---

① 「状況」の中ヲと同じ、ここで言う「状況」のトコロヲとは「～トコロヲ」におけるヲ格名詞が「状況」の意味役割を表示するものである。

(9-14) a 隠さなくてはならない理由もなかったので、僕は大体のところを説明した。(1988『ダンス・ダンス・ダンス』村上春樹)

b 天井の高い十畳間で、竹藪から大きな虎が出てくるところを極彩色で描いた、右手の四枚の板戸のかげは…(1956『山と川のある町』石坂洋次郎)

c 愛しい人が、前のボーイフレンドと寄り添っているところを目撃しても…(2002『いい歳　旅立ち』阿川佐和子)

d 自宅にいるところを逮捕した場合は、いかにも警察の捜査能力が網をしぼり…(1990『新宿鮫』大沢在昌)

e ともかく危ないところを助けて人生相談にも乗った手前…(1997『月のしずく』浅田次郎)

(9-14) a と (9-14) b の下線部におけるヲ格名詞が「対象」(本研究で言う「既存の真の対象」) と判断されるには異議がないであろう。問題は (9-14) c～(9-14) e におけるヲ格名詞の意味役割の判断である。一見して (9-14) c のヲ格名詞は、(9-14) d や (9-14) e と同様に見えるが、実は動詞の意味特性により、その内実を異にしていると考えられる。(9-14) c における「目撃する」は発見を表す他動詞であり、「事物 (人、動物や物)」と「事態」の両方を目的語としてとることができるのに対し、(9-14) d と (9-14) e における「逮捕する」と「助ける」は捕捉・救助を表す他動詞であり、「事態」を目的語として取ることができず、「事物 (人、動物や物)」しか目的語として取れない[①]。したがって、(9-14) c のトコロヲ節は「目撃する」という動作の働きかけの対象であり、(9-14) d と (9-14) e では「逮捕す

① 「事態」と「事物」を目的語として取れるかどうかは陳燕青 (2010) を参照されたい。

る」と「助ける」動作の働きかけの対象はトコロヲ節ではなく、トコロヲ節の主語である、という判断が出てきた。そうすれば、「～トコロヲ」におけるヲ格名詞は「既存の真の対象」を表示すると捉えられる(9-14)c のトコロヲ節におけるヲ格名詞と違って、(9-14)d と(9-14)e のトコロヲ節におけるヲ格名詞は「対象」を表示するものではないだろうという意見が出てくるであろう。

ところで、渡辺（1995）、黒田（1999）などは(9-14)d と(9-14)e のトコロヲ節の統語的な機能に関し、副詞句と主張している。副詞句ということは、つまりヲ格名詞の意味役割が「対象」ではないということである。

しかしながら、渡辺らが主張した「副詞句」の言い方は定説となっているわけではない。陳燕青（2010）は次のような文が非文であることを提示し、(9-14)d と(9-14)e のトコロヲ節は副詞句ではなく、名詞句であると認定し、ただし、「副詞句へと展開する途上にあるので、名詞性が低いものである」と提唱した。

(9-15) ＊警官は泥棒を(彼が)逃げていくところを捕まえた。

＊いつか、あんたをいじめられているところを助けてあげたわね。

本研究では、そのようなトコロヲ節の統語的な性格を問題とせず、陳燕青（2010）の見方を取り、(9-14)d と(9-14)e における「～トコロヲ」を名詞句と見なし、ヲ格名詞が「(既存の真の）対象」を表示するものと見なす。

ところが、本研究では捕捉・救助動詞の場合、受身文に変える(9-16)のような用例はトコロヲ節におけるヲ格名詞は

「(既存の真の) 対象」ではなく、「状況」を表示すると考えている。

(9-16) a 能登半島に上陸したところを、保安隊に逮捕された。(1988『沈黙の国』井上淳)

b それで若者と天人のおよめさんは危いところを助けられ、無事に日本へ帰ることができました。(1957『日本むかしばなし』坪田譲治)

(9-14) d と (9-14) e における「逮捕する」、「助ける」のような述語動詞がヲ格を要求しているのに対し、(9-16) における「逮捕される」、「助けられる」といった述語動詞は、ヲ格ではなく、ガ格を要求している。(9-16) a では、ガ格が出現していないが、なんらかの人名詞であると考えられる。(9-16) b では、ガ格が「若者と天人のおよめさん」である。トコロヲ節はそういったガ格名詞が置かれる一種の状況であると捉えられる。したがって、「～トコロヲ」におけるヲ格名詞は「状況」と捉えてよいであろう。

その他、次のようなトコロヲにおけるヲ格名詞も「状況」を表示すると考えられ、本研究の対象となる。(9-17) を見られたい。

(9-17) a「大和座」の楽屋で眠っているところを、なにか重い、底力のある音で目を覚ました。(1991『蒼ざめた祖国』小林久三)

b 退社まぎわにこっそりかえってきたところを見つかり、たちまちにおいかけられた。(1962『コップいっぱいの戦争』小松左京)

c ほんとうに忙しいところをよく来てくれた。(1955『島』堀田清美)

(9-17)a は二重ヲ格構造を取っている。「目を覚ます」における「目(を)」は「対象」と、トコロヲ節における「眠っているところ(を)」は「状況」と捉えられる。また、(9-17)b においては、「見つかる」は通常ヲ格を要求しない非対格自動詞であるため、「～トコロヲ」におけるヲ格名詞は動作の行われる状況を表示すると考えられる。(9-17)c でも同様に、トコロヲ節は「来る」という動作の行われる状況を表すと捉えられる。

以上、本研究で言う「状況」のトコロヲとは(9-16)と(9-17)のような用例である。つまり、捕捉・救助といった他動詞の受け身と共起するトコロヲ節、二重ヲ格構造にあらわれるトコロヲ節、非対格自動詞と共起するトコロヲ節及び主体移動自動詞と共起するトコロヲ節である。そのような用例は、1726の検索例から185例を抽出した。これから、それらの用例はヲ格名詞の他の意味役割との関連性を見出だし、意味役割の拡張プロセスを見ていこう。

9.3.2 拡張のプロセス

本研究では、「状況」を表示する「～トコロヲ」におけるヲ格名詞は「空間的対象」から拡張されると考えている。拡張のルーツの違いにより、二節に分けてその拡張プロセスを説明していきたい。

9.3.2.1 「離脱の空間的対象」を表示するヲ$_{4-2}$から拡張される場合

まず(9-18)の用例を参照されたい。

(9-18) a 地下鉄の線路を歩いているところを駅員につかまったりしたら大変なことになってしまう。(1985『世界の終わりとハードボイルド・ワンダーランド』村上春樹)

b あやういところを助かって、しんそこ懲りたようであった。(1975『夢の底から来た男』半村良)

c かろうじて立とうとしたところを、目もとまらぬ早さで第三撃を受けた。1966『国盗り物語』司馬遼太郎)

d 総理大臣の岡田啓介は、首相官邸で寝ていたところを襲われたが、義弟の松尾伝蔵が身替りとなって射殺され…(1965『山本五十六』阿川弘之)

(9-18)の例文は、述語動詞が非対格自動詞であったり(9-18)aと(9-18)b、二重ヲ格構造であったり(9-18)c、攻撃の意味特性を有し、受身の形を取ったり(9-18)dするのは形態的な特徴である。下線部におけるトコロは動作主の進行中の動作あるいは動作主の置かれている状態に関して、ある時点においてそれを時間的に特定化したのであると考えられる。動作主にとって、特定化された時間は、すなわちある特定の事態が行われる状況として捉えられる。特定の事態の発生により、動作主の進行中の動作あるいは動作主の置かれている状態はなくされたことになる。このようにトコロによる状況化された動作の進行状態あるいは動作主の置かれる状態と、ある特定の事態の発生の間に形成された意味関係はヲで表示されるようになったわけである。ここでそのような意味関係がヲで表示されうる認知的なプロセスを下記のように解釈できると考えられる。

言語主体の認知では、動作主は概念的にある特定の状況の下に置かれていると捉えられる。そのような特定の状況とは前述したようにある動作の進行中、あるいはある状態を時間的に特定化したものである。動作主向けの救助・攻撃・捕捉といった事態の発生により、そのような状況の自然な流れがなくされたのである。言い換えれば、動作主はある特定の状況から引っ張り出されたということである。それは図で示すと、次の図 9-4 になる。

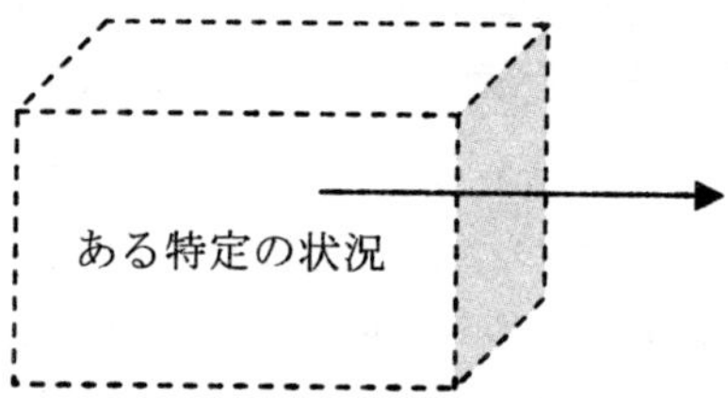

図 9-4

図 9-4 に示すように、立体図形で示されるのは動作主が置かれているある特定の状況である。そのような特定の状況は目に見えず、きわめて抽象であるため、点線で示される。矢印は救助・攻撃・捕捉といった事態の発生により動作主がそのような特定化された状況から離脱したことを示すものである。救助・攻撃・捕捉といった事態が発生する前に、動作主はある特定の状況に置かれたが、発生した後、その特定の状況がカバーする範囲外に置かれるようになった。そのようなプロセスは、「移動する前に、動作主が空間の中に存在し、移動した後、空間の外に来ている」という離脱の空間的対象と主体移動動作との意味関係を表示するヲ$_{4-2}$のイメージ図（図 9-5）と似ている。

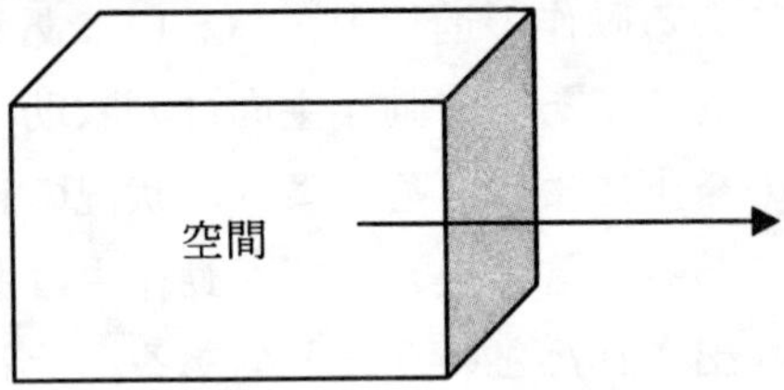

図 9-5　ヲ4－2

ヲ$_{4-2}$では、主体移動動作は空間的対象に離脱的移動の働きかけを与えていると捉えられる。そのため、救助・攻撃・捕捉といった動作の発生により生じた動作主の状況における離脱的移動も動作が行われる状況に与える離脱的移動の働きかけとして捉えられよう。つまり、ヲ格名詞と救助・攻撃・捕捉といった動作との間にも一種の働きかけられと働きかけの意味関係がなされると考えられよう。その意味関係はヲ$_{4-2}$における空間的対象と離脱的移動動作との意味関係と類似性を有し、その類似性は言語主体に認識され、概念的メタファーが発生したのである。その結果、「状況」の意味役割も、「空間的対象」と同様にヲで表示されるようになった。この種の「状況」を表示するヲは「離脱の空間的対象」を表示するヲ$_{4-2}$から拡張されるため、前節のヲ$_{6-1}$、ヲ$_{6-2}$と区別し、ヲ$_{6-3}$と表記することにする。

それは(9-18)aと(9-18)bの例文を例として説明すると、次のようになる。

(9-18)a では「歩いている」という動作主の進行中の動作は「トコロ」により時間的に特定化され、状況化されたのである。「捕まる」という事態の発生により、「歩いている」ことが進行できなくなり、それはすなわち、動作主が「歩いているところ」という状況を離脱したのである。「捕まる」前に、動作主が「歩いているところ」という状況の流れに置かれたのであるが、「捕まった」後、動作主がそのような状況から引っ張り出され、他の状況の下に置かれるようになったのである。

(9-18)b では「あやうい」という動作主の置かれている状態は「トコロ」により時間的に特定化され、状況化されたのである。「助かる」という事態の発生により、動作主が置かれているのは「あやうい」状態ではなくなった。言い換えれば、動作主が「あやういところ」という状況を離脱したのである。「助かる」前に、動作主が「あやういところ」という状況に置かれていたが、「助かった」後、動作主がそのような状況から離脱し、他の状況の下に置かれるようになったのである。

以上、(9-18)における「状況」のヲ格名詞は「空間的対象」の下位意味項である「離脱の空間的対象」から拡張されてきたプロセスが確認された。次節では、「空間的対象」の他の下位意味項から「状況」へと拡張される場合を見ていこう。

9.3.2.2 「空間的対象」を表示するヲ$_{4-4}$とヲ$_{4-3}$から拡張される場合

「状況」の意味役割が「空間的対象」の下位意味項である「経由の空間的対象」と「進入の空間的対象」から拡張される場合、述語が主体移動動詞であることが特徴的である。まず、次例を見られたい。

(9-19)a ほんとうに忙しいところをよく来てくれた。(1955 堀田清美「島」三一書房)

b「お忙しいところを、面倒なお願いに上がりまして」と女の人は事務的にいい…(1970 大岡昇平「愛について」新潮社)

この二つの例文は共に主体移動動詞「来る」と「上がる」

がトコロヲ節を取っているため、一見似ているが、異なる。(9-19)aにおいては、「忙しいところ」という状況に置かれる動作主は「来る」の動作主でもある。それに対し、(9-19)bでは、「忙しいところ」に置かれる動作主は相手であり、「上がる」の動作主は「女の人」である。そうすると、(9-19)aは動作主はどこに行っても、「忙しいところ」という状況を離れることはできない。つまり、いつまでも「忙しい」という状況の下に置かれるのである（図9-6)。それは9.1と同様、「経由の空間的対象」を表示するヲ$_{4-4}$から拡張されると捉えられる。

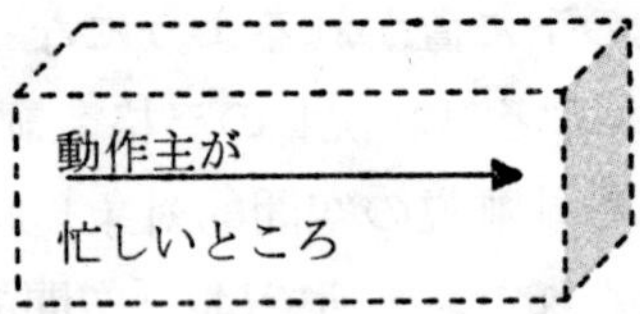

図9-6

「(中）ヲ」で「状況」を表示する例文には、(8-19a）と同様なタイプがある。それは次の通りである。

(9-20)a なぜ彼は村田の意見を求めに、忙しい中をつくばまでやってきたのか。(1996『ふたご』吉村達也)

b どうも本日はお忙しい中をおいでいただきまして——(1986『踊る男』赤川次郎)

(9-20)の下線部の「～中を」は「～ところを」に入れ替えられても成立する。したがって、(9-20)のような中ヲの用法は(9-19)aと同様にヲ$_{4-4}$から拡張されると考えられる。ヲ$_{4-4}$から拡張されてきた「状況」の意味役割は前節で述べたようにヲ$_{6-1}$で表記する。

ところが、(9-19) b は (9-19) a とは異なる。それは「相手が忙しい」という状況に、動作主が入ったのである。図で示せば、次の図 9-7 のようになる。

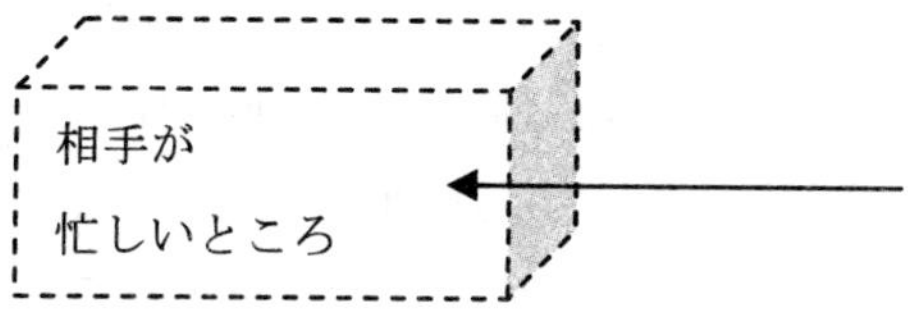

図 9-7

図 9-5 では、立体図形は「相手が忙しい」という状況を示す。矢印は動作主の「上がる」という移動動作を表す。「上がる」前に、動作主は他の状況に置かれているのに対し、「上がった」後、相手が忙しいという状況に入っているのである。そのようなプロセスは、「移動する前に、動作主が空間の外に存在し、移動した後、空間の中に来ている」という進入の空間的対象と主体移動動作との意味関係を表示するヲ$_{4-3}$のイメージ図（図 9-8）と似ている。

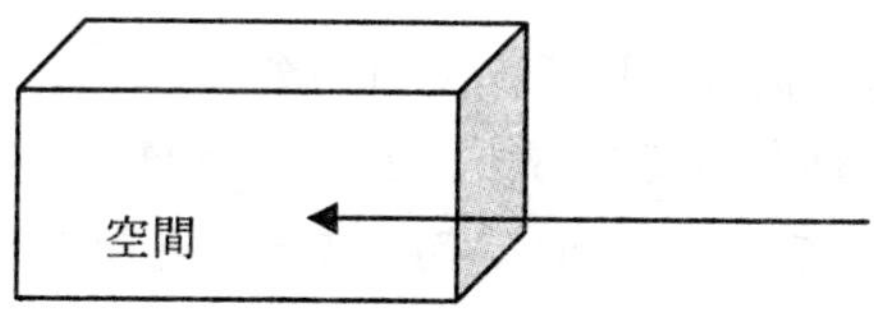

図 9-8　ヲ４－３

ヲ$_{4-3}$では、主体移動動作は空間的対象に進入的移動の働きかけを与えていると捉えられる。そのため、主体移動動作の発生により生じた動作主の状況における進入的移動も動作の状況に与える進入的移動の働きかけとして捉えられよう。つまり、ヲ格状況名詞と主体移動動作との間にも一種の働きかけられと働きかけの意味関係がなされていると考えられよう。その意味関係はヲ$_{4-3}$における空間的対象と進入的移動動作との意味関係と類似性が形成されている。その類似性は言語主体に認識され､概念的メタファーが発生したのである。(9-19)b の「状況」と述語動詞との意味関係は「進入の空間的対象」を表示するヲ$_{4-3}$から拡張されると考えられ、ヲ$_{6-1}$、ヲ$_{6-2}$、ヲ$_{6-3}$と区別し、ヲ$_{6-4}$と表記することにする。

ところで､「状況」を表示する「～トコロヲ」には次のような非動詞述語と共起する場合もある。例えば、次のような用例である。

(9-21)a お寒いところをようこそ。(1962『楡家の人々』北杜夫)

b あの、お忙しいところを済みませんが、すこしお訊ねしたいことがございまして…(1966『金環蝕』石川達三)

c お忙しいところをわざわざありがとうございます。(1993『シャーベット・アリア』山崎洋子)

このような用例について、先行研究では「トコロヲ節を支配する動詞は存在しておらず」という指摘があった（陳燕青 2010)。本研究では、トコロヲ節を支配する動詞は存在していないのではなく、省略されたのだと主張する。下記(9-21)における下線部に省略された動詞が示される。

(9-21)a お寒いところをようこそいらっしゃいませ。

b あの、お忙しいところをお邪魔して済みませんが、すこしお訊ねしたいことがございまして…

c お忙しいところをわざわざ来ていただきありがとうございます。

そのため、(9-21)のヲ格名詞は同様に動作の行われる状況として捉えられ、ヲ格名詞の他の意味役割からの拡張であると考えられる。(9-21)においては、(9-21)a と(9-21)c のパターンは(9-19) a と同じである。(9-21)a では「いらっしゃる」という動作はどんなに行われても、動作主は「寒い」という状況がカバーする範囲内に出たりしない。(9-21)c では、動作主がいつまでも「忙しい」という状況に置かれるのである。それらは(9-19)a と同様に「経由の空間的対象」を表示するヲ$_{4-4}$から拡張されると考えられる。(9-21)b は(9-19)b と同様である。つまり、「邪魔する」という動作により、動作主が相手の「忙しい」という状況に置かれるようになるのである。それは「進入の空間的対象」を表示するヲ$_{4-3}$から拡張されると考えられる。

以上、「状況」のトコロヲについて考察した。まとめてみれば、次の図 9-9 のようになる。

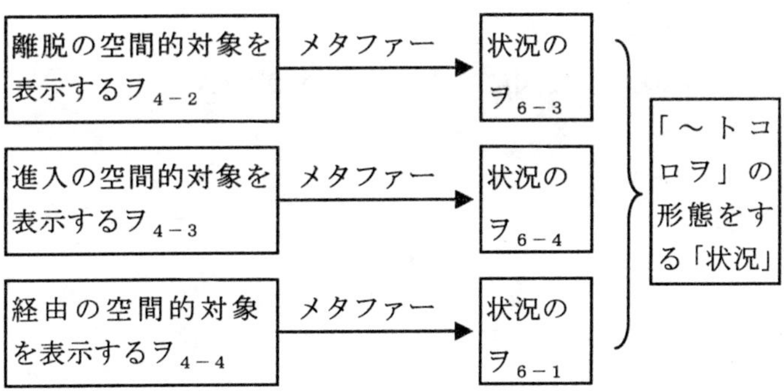

図 9-9

9.4　本章のまとめ

本章ではヲ格名詞で表示される「状況」の意味役割、つまり「～中ヲ」と「～トコロヲ」の形態を有する一部のものについて考察を行った。

まず、先行研究を取り上げ、「状況」の意味役割への拡張プロセスに関し、意見が分かれていることを指摘した。次に、「状況」の意味役割は基本的に「空間的対象」、また、少数でありながら、「時間的対象」からも拡張されるという本研究の主張に従い、「状況」の意味役割を「～中ヲ」と「～トコロヲ」という2つの形態に分けて、それぞれの拡張プロセスを解明した。

「～中ヲ」における「状況」と述語動詞の意味関係を表示するヲは、「空間的対象」の下位意味項である「経由の空間的対象」を表示するヲ$_{4-4}$、及び「時間的対象」を表示するヲ$_{5-2}$から拡張されることが確認された。

「～トコロヲ」における「状況」と述語動詞の意味関係を表示するヲは、「空間的対象」の下位意味項である「離脱の空間的対象」を表示するヲ$_{4-2}$及び「進入の空間的対象」を表示するヲ$_{4-3}$、「経由の空間的対象」を表示するヲ$_{4-4}$から拡張されることがわかった。

それは次のような図にまとめることができる。

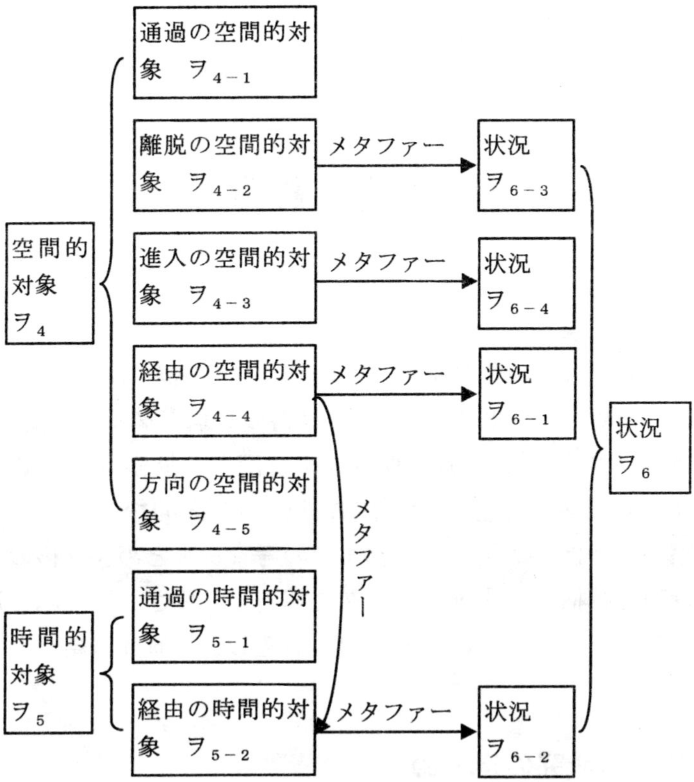

さらに、「状況」を表示するヲ格名詞と述語動詞との間に働きかけられと働きかけの意味関係が形成されており、「状況」を表示するヲ格名詞は一種の働きかけられとして捉えられることも確認された。

第 10 章　終章

本研究では、現代日本語の格助詞ヲを考察の対象とし、格助詞ヲの複数の意味役割の認定、ヲ格のプロトタイプの認定、ヲ格のプロトタイプから他の意味役割へと拡張される認知的なプロセス及び意味役割間の拡張の認知的なプロセスを考察してきた。最後に、これまでの考察をまとめ、ヲ格の意味役割を統括するネットワークを解明し、残された課題を述べ、そして、今後の研究の方向を展望し、本研究の結びとしたい。

10.1　本研究のまとめ

第 2 章では、認知的な見地から格助詞ヲに関する諸家の説を紹介し、その問題点を指摘した。

第3章では、「動作を行う時点でヲ格名詞が存在するかどうか」、「ヲ格名詞が動作の働きかけの真の対象であるかどうか」という 2 つの基準により、従来「対象」と扱われてきた一類に属するものを「既存の真の対象」、「既存の偽の対象」、「非既存の対象」の 3 つに分けた。ヲ格の複数の意味役割を次の表 10-1 に示すように確認した。そして、「既存の真の対象」をヲ格のプロトタイプと認定した。

表 10-1

ヲ格の意味役割	既存の真の対象	既存の偽の対象	非既存の対象	空間的対象	時間的対象	状況
ヲ格名詞と動詞の意味関係を表示するヲの表記	$ヲ_1$	$ヲ_2$	$ヲ_3$	$ヲ_4$	$ヲ_5$	$ヲ_6$

第4章では、「既存の真の対象」に属する成員は、言語主体の認知では、一種の働きかけられと捉えられることが確認された。働きかけられは対象の完全的な変化、対象の非完全的な変化、対象の外在変化及び対象の不変化という4つのタイプに分けられた。

第5章から第9章では、ヲ格の拡張的意味役割である「既存の偽の対象」、「非既存の対象」、「空間的対象」、「時間的対象」、「状況」への拡張プロセスを考察し、次のようなことが確認された。

1. 言語主体の認知では、ヲ格名詞に位置する既存の偽の対象と既存の真の対象との間に近接性関係が形成され、メトニミーが発生した。その結果、「既存の真の対象」は「既存の偽の対象」へと拡張されたのである。既存の偽の対象と動作との間に、既存の真の対象と動作との意味関係と似ている一種の働きかけられと働きかけの意味関係が形成されたのである。既存の偽の対象も一種の働きかけられとして捉えられる。

2. 「非既存の対象」は「既存の偽の対象」と同様に、メトニミーにより、「既存の真の対象」から拡張されたものとして捉えられる。「非既存の対象」と動作との間にも一種の働きかけられと働きかけの意味関係が形成されたため、非既存の対象は一種の働きかけられとして考えられる。

3. 従来の研究では「場所」と扱われてきたヲ格の意味役割、すなわち本研究でいう「空間的対象」は、その本質は動作の働きかけの対象と考えられる。空間名詞と主体移動動作との意味関係は既存の真の対象と動作との意味関係に類似性が形成され、メタファーが発生し、その結果、「既存の真の対象」から拡張されたのである。「空間的対象」も一種の働きかけられとして捉えられ、さらに「通過の空間的対象」、「離脱の空間的対象」、「進入の空間的対象」、「経由の空間的対象」、「方向の空間的対象」という5つに下位分類化できる。

4. 時間名詞と主体移動動作との意味関係は空間名詞と主体移動動作との意味関係との間に類似性が形成され、「時間的対象」は「通過の時間的対象」と「経由の時間的対象」とに分けられ、それぞれメタファーにより「空間的対象」の下位意味項である「通過の空間的対象」と「経由の空間的対象」から拡張されたことがわかった。「時間的対象」も主体移動動作の働きかけを受けて、一種の働きかけられとして捉えられる。

5. 「状況」は基本的に「離脱の空間的対象」、「進入の空間的対象」、「経由の空間的対象」といった「空間的対象」の下位意味項から拡張され、少数でありながら、「経由の時間的対象」から拡張されたことが確認された。「状況」に属するヲ格名詞と述語動詞との間に働きかけられと働きかけの意味関係が形成されており、ヲ格名詞は一種の働きかけられとして捉えられる。

このように、第4章から第9章の論述で、ヲ格名詞の意味役割が均一なものではなく、プロトタイプがあり、そのプロトタイプはメタファー、メトニミーといった言語主体の認知メカニズムにより他の意味役割へと拡張され、また意味役割間にも拡張関係がなされていることが確認された。また、どの意味役割においても、ヲ格名詞と動詞との間に働きかけられと働きかけの意味関係がなされており、ヲ格名詞は押しなべて一種の働きかけられとして捉えられる。そのため、働きかけられと働きかけは名詞の文中における動詞との意味関係を表示する格助詞ヲのスキーマ、言い換えれば、働きかけられはヲ格の意味役割全体に共通するスキーマとして考えられる。

以下、籾山（2001）が提出した多義語分析の四つの課題の最後の課題に従い、ヲ格の複数の意味役割すべてを統括するモデルを解明する。ヲ格の複数の意味役割すべてを統括モデルは図10-1のように示すことができる。

図10-1では、働きかけられがヲで表示される名詞のスキーマである。すなわち、いずれのヲにおいても、ヲで表示される名詞と述語動詞との間に働きかけられと働きかけの意味関係が読み取れる。そのスキーマが具現化され、プロトタイプであるヲ$_1$が形成され、ヲ$_1$で表示される名詞が既存物であり、動作の働きかけの真の対象であるため、ヲ$_1$はヲのまともな使い方として捉えられ、ヲのスキーマを一番よく事例化していると考えられる。そのヲ$_1$はメトニミーにより、ヲ$_2$とヲ$_3$へと拡張され、メタファーにより、ヲ$_4$へと拡張され、またヲ$_5$はメタファーによりヲ$_{4-1}$とヲ$_{4-4}$から拡張され、さらにヲ$_6$はメタファーによりヲ$_{4-2}$、ヲ$_{4-3}$、ヲ$_{4-4}$及びヲ$_{5-2}$から拡張されることを示す。図10-1に示すものは、言語主体の格助詞ヲの用法拡張に関する認知のし方として捉えられる。

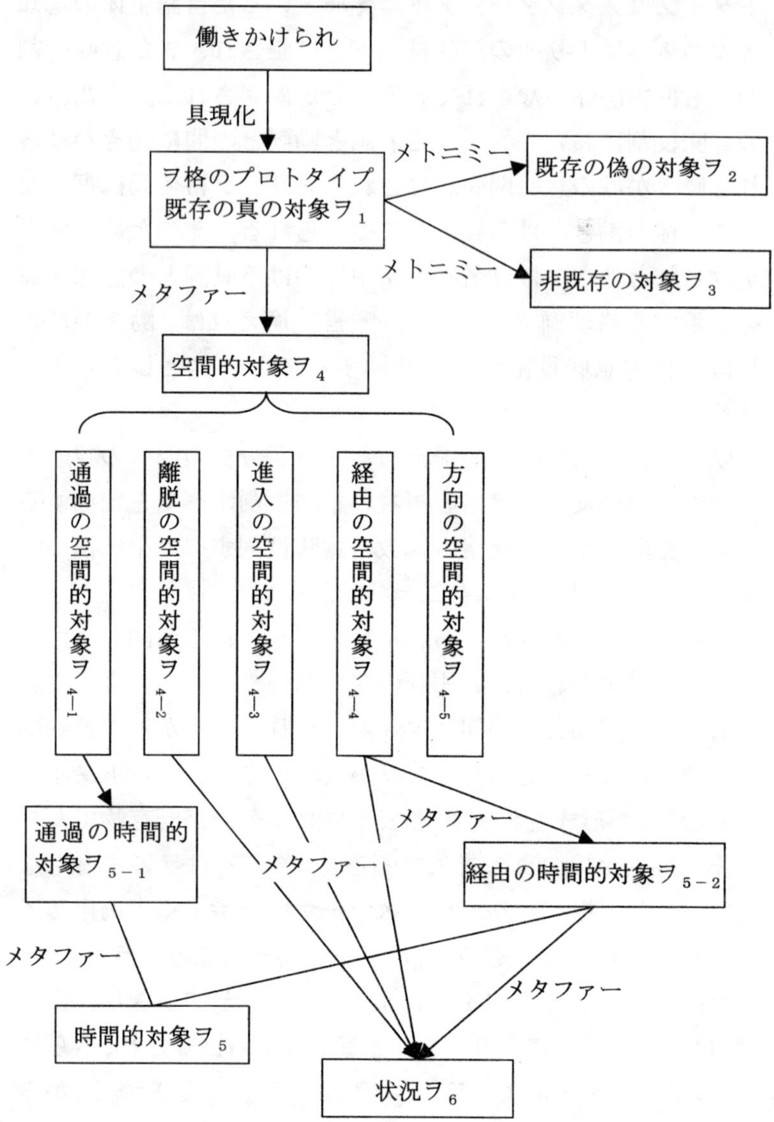
働きかけられ
具現化
ヲ格のプロトタイプ
既存の真の対象ヲ1
メトニミー
既存の偽の対象ヲ2
メトニミー
非既存の対象ヲ3
メタファー
空間的対象ヲ4
通過の空間的対象ヲ4—1
離脱の空間的対象ヲ4—2
進入の空間的対象ヲ4—3
経由の空間的対象ヲ4—4
方向の空間的対象ヲ4—5
通過の時間的対象ヲ5－1
メタファー
メタファー
経由の時間的対象ヲ5－2
メタファー
時間的対象ヲ5
メタファー
状況ヲ6

図 10-1

上述したように、本研究では、ヲ格のスキーマ、ヲ格のプロトタイプ及び意味役割間の拡張関係に関して、表10-2に示すように、先行研究と異なる見方を見せている。

表 10-2

	菅井説	森山説	岡説	本研究
ヲ格のスキーマ	《起点》→《過程》→《着点》における《過程》	動作主（「が」格）からの動力連鎖が結ばれ、その動力圏内（動力連鎖の終点）に置かれている	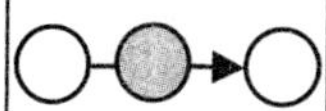	働きかけられ
ヲ格のプロトタイプ	対象	対格	対象と経路	既存の真の対象
拡張関係①	対象から空間	対格から場所格	典型的な対象から変化しない対象と製作物	既存の真の対象から既存の偽の対象と非既存の対象
拡張関係②	空間から時間	対格から時格	経路から起点と時間	既存の真の対象から空間的対象
拡張関係③	空間から状況	対格から状況か場所から状況かはっきりしていない	経路から状況か時間から状況かはっきりしていない	空間的対象から時間的対象
拡張関係④				空間的対象と時間的対象から状況

10.2　残された課題

本研究は主として現代日本語における格助詞ヲで表示される名詞の「既存の真の対象」、「既存の偽の対象」、「非既存の対象」、「空間的対象」、「時間的対象」、「状況」の6つの意味役割及びそれらの拡張関係を考察した。しかし、現代日本語のヲには格助詞用法の以外の用法もあると考えられる。例えば、下記の用例に示すものである。

(10-1)a 私たちなら畳の上に坐るところを、ヨーロッパ人は椅子に坐る。(1972『しぐさの日本文化』多田道太郎)

b それならば初めから愛想よく挨拶すればいいものを、そう簡単にできないのがこの年頃の厄介なところなのだ。(1999『花の寝床』松本侑子)

加藤（2006）では、(10-1)の「～ところを」や「～ものを」におけるヲは、逆接という機能を持っていながら、体言に接続しなければならない点で、一般の接続助詞と異なるため、ヲの接続助詞的な用法と見なされている。本研究では、(10-1)の下線部のトコロヲ、モノヲは接続にしても、機能にしても、一つの接続助詞として見なすことができると考えられる。その意味では、トコロヲやモノヲにおけるヲは、単語ではなく、接続助詞の構成要素と捉えることができよう。ただし、その接続助詞の構成要素としてのヲは格助詞としてのヲと同一の形態を有するため、「意味と形の間に相関関係がある」という認知言語学の見地から見れば、格助詞としてのヲと何らかの関連性を有すると考えられよう。今後、研究の範囲を拡大し、接続助詞の構成要素としてのヲへと拡張されるプロセスも考察する必要がある。

また、格助詞ヲに限らず、日本語の他の格助詞をも研究の対象に入れようと考えている。本研究における格助詞ヲに関する研究のモデルを他の格助詞の研究に取り入れ、認知言語学的な見地から格助詞研究のシステムを構築できるなら、日本語の文法研究を大きく前進させる研究成果となるであろう。

以上のことをあわせて今後の課題としたい。

附　録　想起実験の結果[①]

- 家を建てる、車を買う、将来を考える、お金を稼ぐ、仕事をする
- ものを取る、夢をつかむ、左右を見る、気を使う、限りを尽くす
- 頭をかく、手を洗う、道を歩く、橋を渡る、車を運転する
- 相手を理解する、本を読む、時計を買う、連絡をとる、車を運転する、趣味を楽しむ
- 意見を述べる、母を連れていく、顔を洗う、映画を見る、車を運転する
- 本を読む、テレビを見る、音楽を聴く、電話をかける、パソコンを使う
- 友達を誘う、車を運転する、酒を飲む、電気をつける、電話をかける
- 頭を使う、本を読む、うそをつく、車を買う、言葉を話す
- 気をつける、道を歩く、仕事をもらう、予約を依頼する、片づけをする

---

① 電子メールのやり取りによりまとめられたものである。

- 道を聞く、数をこなす、人を好きになる、希望を持つ、仕事をがんばる
- 家を出る、靴を買う、本を彼に渡す、将来を占う、明日の日本を背負っていく
- 夏を満喫する、車を運転する、車の運転をする、本を読む、空を見る
- 服を買う、テレビを見る、靴をはく、鼻をかむ、写真を撮る
- 花に水をやる、写真を撮る、時計を見る、電話をかける、本を読む
- タバコを吸う、肩を回す、腕を伸ばす、指示を出す、運転をする
- 車を運転する、携帯を充電する、テレビを見る、昼寝をする、本を読む
- 私を連れて行ってください、あなたを抱きしめたい、そんなことを言わないでください、それを貸して、日本を離れる
- テレビを見る、歯を磨く、手を洗う、歌を歌う、声をだす
- 手を挙げる、肉を食べる、瞳を見つめる、鼻をすする、元気をつける
- 学校を休む、本を読む、友達をほめる、テーマを決める、サービスを受ける
- 姉を紹介する、ご飯を食べる、ジュースをこぼす、手を叩く、道を歩く
- 顔を洗う、かさをたたむ、夢を見る、友達を待つ、髪を切りに行く

- 今を生きる、服を着る、夢を見る、川を下る、窓を開ける
- 夢を見る、家を出る、買い物をする、仕事をする、エアコンをつける
- 涙を流す、魚を釣る、中国語を勉強する、映画を見る、簿記をする
- 手を使う、メールを送る、テレビを見る、ゴミを捨てる、鍵を開ける
- 家を出る、道を歩く、車を使う、本を読む、字を書く
- 服を着る、門を通る、靴を磨く、風邪を引く、仕事を休む
- 映画を見る、歌を歌う、手を挙げる、蕎麦を打つ、キレイを学ぶ
- 車を買う、単位を捨てる、服を売る、ハサミを使う、お参りをする
- 手を洗う、歯を磨く、リモコンを取る、友達を大切にする、大笑いをする
- グランドを走る、空を飛ぶ、靴を履く、鳥を見る、電気をつける
- お金を使う、論文を書く、子供を育てる、家を建てる、扉を開ける
- 野球をする、人をほめる、ジュースを飲む、車を運転する、トイレを掃除する
- ボールを投げる、車を運転する、重たいものを持ち上げる、試験を受ける、顔を洗う

参考文献

[1]青木三郎．ところの文法化[A]．空間表現と文法[C]．東京：くろしお出版 2000
[2]足立公平．ヲ格と道具目的語［A］．認知言語学論考 NO.3［C］．東京：ひつじ書房．2003
[3]石綿敏雄．現代言語理論と格［M］．東京：ひつじ書房．1999
[4]池上嘉彦．「移動」のスキーマと「行為」のスキーマ——日本語の「ヲ格＋移動動詞」構造の類型論的考察——[A]．外国語科研究紀要（東京大学教養学部外国語科）第 41 巻・第 3 号［C］．1993
[5]ウエスリー・M・ヤコブセン．他動性とプロトタイプ論[A]．日本語学の新展開［C］．東京：くろしお出版．1989
[6]岡智之．場所的存在論によるヲ格の統一説明［A］．日語日文学研究（韓国日語日文学会）52[C]．2005
[7]岡智之．日本語教育への認知言語学の応用～多義語、特に格助詞を中心に～[A]．東京学芸大学紀要・総合教育科学系 58[C]．2007
[8]奥津敬一郎・沼田善子・杉本武．いわゆる日本語助詞の研究［M］．東京：凡人社．1986
[9]大坪泰子．格標示の「を」と接続助詞の「を」の関係につ

いて［D］．1994
[10]大堀俊夫．文法構造の類像性—「かたち」の言語学へ[A]．かたちとイメージの記号論（記号学研究 11）［C］．東京：東海大学出版会．1991
[11]大堀寿夫．認知言語学[M]．東京：東京大学出版会．2002
大舘実子．空間的『前』の理解におけるコンテクストの役割(ワークショップ　空間と時間の認知と言語化)[A]．日本認知言語学会論文集 2[C]．2002
[12]影山太郎．日英比較語彙の構造[M]．東京：松柏社．1980
[13]加藤重広．対象格と場所格の連続性:格助詞試論(2)[EB]．北海道大学文学研究科紀要 118．2006
[14]川端善明．格と格助詞とその組織［A］．論集日本語研究（一）［C］．東京：明治書院．1986
[15]楠本徹也．「を」格における他動性のスキーマ」［A］．東京外国語大学留学生日本語教育センター論集 28[C]．東京：明治書院，2002
[16]国广哲弥．用例を調査する—語彙研究[A]．宮地裕．論文・レポートの書き方[C]．東京：明治書院．1995
[17]久野暲．日本語文法研究［M］．東京：大修館書店．1973
[18]黒田成幸．中村捷．ことばの核と周辺－日本語と英語の間[M]．東京：くろしお出版．1999
[19]小池清治．なぜ、黒板消しで黒板を消せるのか？[EB]．宇都宮大学研究紀要．2007
[20]国立国語研究所．日本語における表層格と深層格の対応関係（国立国語研究所報告 113）［R］東京：三省堂．1997
[21]小泉保、船城道雄など編．日本語基本動詞用法辞典[Z]．東京：大修館書店．1989
[22]菅井三実．対格のスキーマ的分析とネットワーク化[A]．

名古屋大学文学部研究論集 130［C］. 1998
[23]菅井三実. 格の体系的意味分析と文節機能［A］. 認知言語学論考 No. 4［C］. 東京： ひつじ書房. 2004
[24]菅井三実. 対格の意味特性に関する覚書［A］. 日本語論究 IV・言語の変容［C］. 大阪：和泉書院. 1995
[25]菅井三実. 空間における文法格『を』の意味分析［A］. 日本語論究Ⅱ・語彙と文法と［C］. 大阪：和泉書院. 2003
[26]菅井三実. 日本語における空間の対格表示について［A］. 名古屋大学文学部研究論集 133［C］. 1999
[27]鈴木重幸. 日本語文法・形態論［M］. 東京：むぎ書房. 1972
[28]杉村泰. イメージで教える日本語の格助詞と構文［A］. 言語文化論集第 XXⅦ巻第 1 号［C］. 名古屋大学大学院国際言語文化研究科. 2005
[29]砂川有里子. 空間から時間へのメタファー——日本語の動詞と名詞の文法化［A］. 空間表現と文法［C］. 東京：くろしお出版. 2000
[30]谷口一美. 認知言語学［M］. 東京：ひつじ書房. 2006
[31]角田太作. 世界の言語と日本語:言語類型論ら見た日本語［M］. 東京：くろしお出版. 1991
[32]時枝誠記. 日本文法口語編［M］. 東京：岩波書店. 1950
[33]寺村秀夫. 『トコロ』の意味と機能［A］. 寺村秀夫論文集 I［C］. 東京：くろしお出版. 1993
[34]鳥飼浩二. 自他動詞の認定をめぐる序論［J］. 言語. 1993. (5)
[35]仁田義雄・村木新次郎・柴谷方良・矢澤真人. 日本語の文法 I 文の骨格［M］. 東京：岩波書店. 2000
[36]仁田義雄. 連語論——を格名詞の対象性［J］. 国文学.

1993(12)
[37]仁田義雄．日本語の格をめぐって[M]．東京：くろしお出版．1993
[38]仁田義雄．日本語の文法カテゴリをめぐって[M]．東京：ひつじ書房．2009
[39]橋本進吉．国語法要説[M]．東京：明治書院．1934
[40]橋本進吉．助詞・助動詞の研究[M]．東京：岩波書店．1969
[41]益岡隆志・田窪行則．日本語文法セルフマスターシリーズ3格助詞[M]．東京：くろしお出版．1987
[42]松下大三郎．増補校訂標準日本語口語法[M]．東京：勉誠社．1977
[43]三宅知宏．日本語の移動動詞の対格標示について[J]．言語研究第110号．1996
[44]村木新次郎．日本語動詞の諸相[M]．東京：ひつじ書房．1991
[45]村木新次郎．格[J]．国文学．1993(1)
[46]森山新．認知言語学的観点を取り入れた格助詞の意味のネットワーク構造解明とその習得過程[R]．平成14～16年度科学研究費補助金研究基盤研究C(2)．2005
[47]森山新．認知言語学から見た日本語格助詞の意味構造と習得[M]．東京：ひつじ書房．2008
[48]籾山洋介．多義語の複数の意味を統括するモデルと比喩[A]．認知言語学論考NO.1[C]．東京：ひつじ書房．2001
[49]籾山洋介．日本語表現で学ぶ　入門からの認知言語学[M]．東京：研究社．2009
[50]山口明穂．国語の論理[M]．東京：東京大学出版会．1989
[51]山田孝雄．日本文法論[M]．神戸：宝文館．1908

[52]山田孝雄．日本文法学概論［M］．神戸：宝文館．1936
[53]山梨正明．認知文法論[M]．東京：ひつじ書房．1995
[54]山梨正明．日常言語の認知格モデル（2）——格解釈のゆらぎ［J］．言語 1994（2）
[55]山梨正明.意味のモード——格の同意性と認知的意味[J].言語 1994（6）
[56]楢和千春．方向認知の非対称性とことばの意味の拡張—「まえ」と中心に—[J]．ことばと文化．日本語論説資料 36－3 所収．1998
[57]吉村公宏．はじめての認知言語学[M]．東京：株式会社研究社．2004
[58]渡辺学．形式名詞と格助詞の相関－単文と複文をめぐって．複文の研究（上）[M]．東京：くろしお出版．1995
[59]レイコフ•M•ジョンソン著 渡部昇一、楠瀬淳三、下谷和幸訳．レトリックと人生[M]．東京:大修館書店．1986
[60]Langacker Ronald W. Foundations of Cognitive Grammar [M]. Stanford : Stanford University Press. 1991
[61]陳燕青．トコロヲの文法化[D]．2010
[62]蓝纯．语言的范畴化:语言学中的类典型[M]．北京：外语教学与研究出版社．2001
[63]束定芳.认知语义学[M].上海:上海外语教育出版社.2008
[64]王寅.认知语法概论[M].上海:上海外语教育出版社.2006
[65]刑福义．汉语里宾语带入现象之观察[J]．世界汉语教学．1991，（2）
[66]许慈惠．试析格助词“に”的点性本质意义[J]．日语学习与研究．2006，（4）
[67]许慈惠、杨敬．日语动词的他动性研究[J]．日语学习与研究．2011（1）a

[68]许慈惠、杨敬．转喻理论与日语结果宾语[J]．解放军外国语学院学报．2011（4）b

[69]许慈惠、杨敬．移动动词对「を」格空间名词的他动作用[J]．外语与外语教学．2011（6）c

[70]杨敬．「を」の意味用法について——「対象格」から「空間格」への拡張［A］．日语教学研究［C］．上海：华东师范大学出版社．2011

[71]张云秋．现代汉语受事宾语句研究[M]．上海：学林出版社．2004

南开大学出版社网址：http://www.nkup.com.cn

投稿电话及邮箱：022-23504636　QQ：1760493289

QQ：2046170045(对外合作)

邮购部：022-23507092

发行部：022-23508339　Fax：022-23508542

南开教育云：http://www.nkcloud.org

App：南开书店 app